邵李津◎著

企业集成系统协同行为机理、机制及评价研究

QIYE JICHENG XITONG XIETONG XINGWEI JILI，JIZHI
JI PINGJIA YANJIU

中国财经出版传媒集团

经济科学出版社
Economic Science Press

·北京·

图书在版编目（CIP）数据

企业集成系统协同行为机理、机制及评价研究／邵李津著 . -- 北京：经济科学出版社，2023. 12

ISBN 978 - 7 - 5218 - 5514 - 2

Ⅰ.①企…　Ⅱ.①邵…　Ⅲ.①企业经营管理 – 研究　Ⅳ.①F272. 3

中国国家版本馆 CIP 数据核字（2024）第 009225 号

责任编辑：杜　鹏　武献杰　常家凤
责任校对：蒋子明
责任印制：邱　天

企业集成系统协同行为机理、机制及评价研究

邵李津◎著

经济科学出版社出版、发行　新华书店经销

社址：北京市海淀区阜成路甲 28 号　邮编：100142

编辑部电话：010 - 88191441　发行部电话：010 - 88191522

网址：www. esp. com. cn

电子邮箱：esp_bj@ 163. com

天猫网店：经济科学出版社旗舰店

网址：http：//jjkxcbs. tmall. com

固安华明印业有限公司印装

710 × 1000　16 开　14. 75 印张　230000 字

2023 年 12 月第 1 版　2023 年 12 月第 1 次印刷

ISBN 978 - 7 - 5218 - 5514 - 2　定价：118. 00 元

（图书出现印装问题，本社负责调换。电话：010 - 88191545）

（版权所有　侵权必究　打击盗版　举报热线：010 - 88191661

QQ：2242791300　营销中心电话：010 - 88191537

电子邮箱：dbts@ esp. com. cn）

前　　言

随着数字经济时代的来临,从企业内部的产品集成、技术集成、管理集成,到企业集聚、产业集群、科技创新平台集群,以及城市集群等,不同层面的集成现象层出不穷。这些现象的本质,都是试图通过集成与构建集成系统,获取集成经济,或者通过整合获得增效。由此可见,集成和企业集成系统将是未来企业组织发展的重要手段和模式。

企业集成系统的建立意味着集成要素界面的存在。它们既是集成要素矛盾与冲突的节点,也是系统效率与效益损耗的节点。因此,企业要取得集成经济,必须做好企业集成系统的界面管理。

界面管理的核心是协同管理,其涉及的内容繁多,包括战略协同、文化协同、管理协同等,但其本质可以归结为个体与个体(person and person,P-P)协同、个体与组织(person and organization,P-O)协同以及组织与组织(organization and organization,O-O)协同,它们制约和决定了整个企业集成系统协同行为的方方面面。

本书利用协同学、集成管理、组织行为学等理论,并综合运用文献研究、调查研究、定量分析等方法对企业集成系统协同行为机理、机制和评价进行研究，主要研究内容包括：

第一，企业集成系统协同行为机理。一是论述企业集成系统的内涵与特征，并分析企业集成系统协同行为管理动因、演化过程与阶段以及影响因素；二是揭示企业集成系统协同行为的特征，包括内隐行为和外显行为。协同行为演化规律及协同行为特征是企业集成系统协同行为管理的基础。

第二，企业集成系统协同行为机制。基于企业集成系统协同行为过程规律模型，探究影响协同行为的七大机制，包括愿望形成机制、预期共识机制、能力匹配机制、目标协同机制、协同公平机制、强化协同机制以及环境协同机制等。协同行为机制是引发协同行为、维护协同行为、强化协同行为的动力所在。

第三，企业集成系统协同行为评价。这部分研究旨在探索和提出一种新的企业集成系统协同行为评价方法。一是论证并提出基于集成力的企业集成系统协同度评价模型，即采用问卷调查法，运用 SPSS 22.0、Amos 24.0 与 STATA 10.0 等工具验证了集成力与协同度之间的正相关关系，并在此基础上构建企业集成系统协同度评价模型；二是分析并揭示企业集成系统协同行为的本质是 P – P 协同、P – O 协同以及 O – O 协同；三是建立了以质量、心理距离、环境为维度的 P – P、P – O 以及 O – O 的三个协同行为评价指标体系；四是探求 P – P、P – O、O – O 以及企业集成系统整体协同度的具体测算方法与过程；五是案例分析，选取 Star – Net 企业集成系统作为案例进行应用分析，以验证协同度评价模型。企业集成系统协同行为评价，不仅揭示了企业集成系统协同行为的整体水平，而且揭示了 P – P、P – O 以及 O – O 行为协同程度，对企业集成系统协同行为管理，具有靶向的作用。

第四，企业集成系统协同行为管理。探讨了基于协同度评价的企业集成系统协同行为管理策略。根据企业集成系统协同行为过程规律以及协同度评价模型，分别从协同主体质量、心理距离以及协同环境三个方面论述了企业集成系统协同行为的管理策略，以指导人们发现协同性的问题所在，并采取相应的管理措施，促进企业集成系统协同水平的提高。

从实际出发，本书所做的研究将有助于丰富与完善协同行为管理理论与协同度评价方法，可以为人们诊断与解决企业集成系统协同行为管理问题提供方法和思路，具有一定的理论意义与实践价值。

由于撰写时间仓促以及笔者能力有限，书中不足之处在所难免，恳请广大读者批评指正。

邵李津

2023 年 11 月

目　录

第 1 章

绪　　论

1.1　研究背景

当今世界，随着科学技术的飞速发展、市场竞争的白热化、创新的亟须、资源的匮乏、人才的紧缺、复杂巨系统的出现，不同层面的集成现象层见叠出。从企业内部的技术、产品、功能、过程、信息、管理等微观层面的集成，到企业积聚、产业集群、科技创新平台集群等中观层面的集成，以及从城市集群、长三角经济合作区、珠三角经济合作区、环渤海经济合作区、北部湾经济合作区、海峡经济合作区、粤港澳合作区到"一带一路"、上海经济合作组织、欧盟等地区、国家之间政治、经济、军事等宏观层面的集成。它们不仅是当今社会一种普遍的现象，更是企业管理实践中一种普遍存在的现象与活动。这些现象的本质，都是试图通过集成与构建集成系统来获取集成经济，或者说通过整合获得增效。由此可见，集成和企业集成系统将是未来企业组织发展的重要手段和模式，符合企业管理创新发展的趋势。

但是，企业通过建立企业集成系统实现增效，这只是一种可能性，而非必然性。因为企业集成系统的建立也意味着集成要素界面的存在，它们是集成要素矛盾与冲突的节点，同时也是企业集成系统效率与效益损耗的节点。因此，企业集成系统要取得集成经济，必须做好界面管理。

界面管理的核心在于协同管理。对于一个企业集成系统而言，协同的思想在企业管理实践的方方面面都得到广泛应用，其内容繁多，主要包括信息协同、要素协同、技术协同、运营协同、制度协同、资源协同、财务协同、目标协同、战略协同、组织协同、供应链协同、企业文化协同、管理协同、功能协同、协同创新、产品协同、流程协同、市场协同等。但是，"人"掌握着企业方方面面的资源，是企业的第一生产力，是协同行为发生的核心。因此，企业集成系统协同的本质主要可以归结为三个方面：个体与个体的协同、个体与组织的协同以及组织与组织的协同。它们制约和决定了企业集成系统中其他形式的协同问题。

企业集成系统协同行为机理，是协同行为管理的基础。企业集成系统协同行为机制设计，将为企业集成系统协同行为提供不竭动力。而企业集成系统协同度评价，就是通过定量分析，使得协同行为具象化，从而为企业集成系统协同行为提供精准的靶向管理。因此，企业集成系统协同机理、机制和评价是一个亟待研究的课题，对于企业集成系统完善协同行为管理、获取集成经济，具有重要的指导性作用。

1.2 国内外研究综述

1.2.1 集成研究现状及述评

1.2.1.1 国外研究现状

20 世纪 30 年代，美国著名管理学家切斯特·巴纳德（Chester I. Barnard，1938）提出了社会系统理论，并指出"两个或两个以上的人的相互作用是导致社会协作系统形成的根本原因"。这是最早将集成思想应用于组织管理的理论。1953 年，日本丰田汽车公司提出了准时生产制（JIT），这实际上也是倡导集成思想的一种生产方式。20 世纪 60 年代，IBM 公司提出物料需求计划，集成制造过程中不同生产部门和单元，实现计划调节和市场调节相结合。20 世纪 70 年代，哈灵顿（Harrington，1973）首次提出了计算机集成制造（computer integrated manufacturing, CIM），将企业的制造技术利用计算机集成在一起。制造资源计划的产生，进一步体现了现代管理思想与现代技术的有机集成。1986 年，美国国防部提出的并行工程是一种通过集成的手段设计出产品的方法，充分体现了产品设计过程中集成思想的融入与应用。1988 年，美国通用汽车公司和美国里海大学共同提出敏捷制造（agile manufacturing, AM），强调将制造技术、劳动者以及企业之间和企业内部灵活的管理三者有机地集成起来，实现整体最优，以快速响应外部市场的变化。敏捷制造中最具代表性的是动态联盟，也叫虚拟企业。可见，集成思想在早期广泛应用于制造行业。

1990 年，基于集成思想，美国加特纳集团（Gartner Group）提出企业资源计划，它是制造资源计划的下一代管理软件，有效实现供应链中各类资源的集成，大幅度提高企业生产效率与核心竞争力。索博尔等（Sobol et al., 1991）通过对电脑制造业研究发现，合作伙伴之间的有效集成可以提高竞争优势，并提出相应的组织策略。沃尔特等（Walter et al., 1992）基于数据、知识与管理的集成，提出决策支持系统，其被广泛应用于从计算机芯片设计到生产和库存管理等各个领域。安德森（Anderson, 1993）以加拿大制药业为研究对象，探索生物技术公司与大学之间的协作关系，并实证分析协同集成的性质和程度对行业的影响。伊恩斯蒂等（Iansiti et al., 1994）通过对汽车行业的调研，提出技术集成和动态集成能力的应用，并进行了实证分析。格兰特（Grant, 1996）指出在动态竞争环境中，知识集成是一种组织能力，也是创新发展的有效途径。西格弗里德（Siegfried, 1997）通过系统集成使得社会和技术子系统联合优化，并建立面向对象的仿真模型。罗伯特（Robert, 1998）认为技术集成在研发管理中的应用，可以有效降低研究成本和提高研究效率，并建立集成技术评估管理框架。简（Jane, 1999）从心理学的角度，提出了集成理论，并得到了广泛关注。

随后，集成思想逐步扩展到企业管理领域的方方面面。伦茨施等（Rentzsch et al., 2000）提出，集成是一种方法，使用得当，能为企业带来广义上的经济效益，在设计上与社会环境相协调，具有可持续性。贝斯特（Best, 2001）从区域经济的角度，提出系统集成可以为企业组织获得新的竞争优势发挥重要的作用。奥迪尔（Odile，2002）探讨了跨国公司母公司运用集成创新方法在子公司之间建立有效的创新网络，以提高技术与产品创新能力。卡博拉（Carbonara，2002）对意大利工业区进行调研分析，发现区内企业间通过集成而形成了一种新型组织模式，即网络化组织，网络组织的运作是由核心企业或领导企业发起的，它起着组织与协调的作用。佩格尔（Pagel，2004）提出可以通过运营集成、采购集成以及物流集成的方式整合供应链上各成员企业，进而形成供应链集成模式。萨波维尔等（Sabherwal et al.，2005）从指导、交换、社会化和内化四个方面揭示了企业知识集成机理，并提出了相应的理论模型。库尼亚（Cunha，2006）从集成的角度，研究了虚拟企业，并提出用市场资源支持虚拟企业集成系统的构建。郑等（Jeong et al.，2007）指出，企业决策支持集成系统是由三个模块组成的，分别是诊断模块、维护计划模块和进度模块，并通过将症状矢量输入到代表系统因果关系的影响图中进行运作。迈克尔（Michael，2007）采用虚拟集成方法设计企业战略以应对外部激烈的竞争环境，并驱动了供应链各成员之间的合作。蒂莫（Timo，2008）运用虚拟集成有效解决跨国企业管理控制问题，并指出要构建会计信息系统作为实施工具。丹生等（Niu et al.，2008）对网络集群进行研究，分别选取了高科技产业集群作为研究对象，对其形成与国际竞争力进行了分析，揭示了群与群以及群内部的网络集成关系，并提出了相应的发展策略。马利赫（Malihe，2008）研究发现供应链集成的引入将填补供应链不同贸易伙伴之间的沟通缺口，使供应链网络成为一个集成系统，在快速变化的环境中保持竞争力。林吐康格斯等（Lintukangas et al.，2009）采用线性回归法对100家企业数据进行了分析，得出了影响供应链管理集成的四个因素，并论证了该四个因素与供应链管理集成之间的关系。

贾杨特等（Jayanth et al.，2010）研究了供应链集成系统的概念以及供应链集成范围与供应链管理工作之间的相互关系。皮亚（Pia，2011）通过对242家芬兰公司的实证分析指出，建立企业集成系统进行集成创新可以提升各成员企业的核心竞争力，进而实现可持续发展。克里斯丁等（Christian et al.，2012）通过对南美智利三个行业的对比，发现通过集成而拥有集群的行业比没有集群的行业发展得更好，进而说明了集成有利于企业间开展市场协作行为，促进行业的发展。伊丽萨（Elisa，2013）比较了意大利与智利的红酒产业集群，揭示了集成、集群、网络与企业产品的相互关系，并实证说明了产业集群对市场网络与企业绩效具有正向影响。丘伊克斯等（Quix et al.，2014）认为，在企业组织信息集成这个问题上，信息模型与过程集成应该是后期研究的关键点。叶卡捷琳娜等（Ekaterina et al.，2016）以航空航天工业为例，探索了全球集群网络的结构和演化，揭示了集群中各主体之间的网络集成关系。迪亚等（Dyah et al.，2016）基于生产函数建立计量经济模型，通过运用因子分析法，确定煤炭产业集群对经济增长的整体效应的影响并进行回归分析，最后根据实证结果分析了四大煤炭城市煤炭产业集群在促进经济增长中存在的问题，并提出了相应的对策。奥加齐等（Oghazi et al.，2016）以建筑设备行业为研究对象，对供应链中各个供应商之间的工作流程进行集成，形成供应链集成系统，进而提高了供应链效率。梅尔贝哈斯等（Mehrbakhs et al.，2017）采用聚类集成的超图划分算法，模拟构建旅游产业集群，通过实验证明产业集群系统有助力旅游产业的发展。宗等（Chun et al.，2018）扩展了 Bass 模型的假设，以 vensimple 为模拟器，建立了农业产业集群技术扩散的动态模型，发现其能够满足农业产业发展的实际需求。雷斯（Reis，2019）运用系统工程原理和交易成本经济学，从四个维度构建了供应链集成系统，进而解决了货运一体化效率的问题。希等（Hsi et al.，2019）以游艇产业数据为分析对象，发现游艇企业成立率与产业集群规模成正相关，同时，研究表明位于集群内部的企业更有可能变得更大、更有生存能力。扎贝尔等（Zabel et al.，2020）通过调查研究发现，相比单个媒体企业，媒体集群更有有利于吸引新的参与者，这体现了外生和内生集聚因素的重要性。赛德等（Syed et al.，2020）利用资源依赖理论，从供应商、内部和客户三个维度构建了供应链集成系统，增强特定类型服务的供给能力，提升了企业绩效。施罗德等（Schroeder et al.，2021）通过分析和综合与供应链领域相关的现有科学文献，并通过案例研究发现，机器学习集成可以为供应链风险管理带来附加值，例如，社交媒体或天气数据等新数据源的集成。莱什琴斯基等（Stanisław et al.，2022）通过构建现代企业中的流程、项目和知识这三个方面的集成管理模型，充分发挥了这三者的协同作用，进而帮助组织和转型过程有效地实施战略。卡瓦略等（Carvalho et al.，2023）为了实现企业卓越目标，提出一个集成管理概念模型，将 ISO 管理体系标准与新乡（Shingo）卓越运营模型的维度和指导原则集成起来，所提出的方法支持具有基于一个或多个 ISO 管理体系标准的管理体系的组织采用并执行评估工具，以评估其在采用 Shingo 模型规定的最佳实践和行为方面的成熟程度。

1.2.1.2 国内研究现状

在我国，真正提出集成思想的是著名的科学家钱学森。20 世纪 90 年代初，以钱学森（1990）、戴汝为（1993）和于景元（1993）为代表的学者通过对系统理论长期研究和实践，提出了开放的复杂巨系统理论，他们认为，需要运用综合的集成方法解决复杂性的问题。自此，越来越多的学者开始关注集成思想，也因此产生了越来越多的集成理论与实践方面的成果。

白庆华（1995）认为计算机集成制造系统的核心在于集成，而集成的关键在于"人的集成"，并从员工与员工、员工与部门、企业与供应商、企业文化等方面探讨了"人的集成"。龚建桥等（1996）集成与综合各种管理思想，以科技企业为例，从研发、生产、销售、战略、决策等方面提出了科技企业集成管理的理论框架。王浣尘（1996）论述了可持续发展与系统集成的时代意义，认为集成企业是系统集成的一种形式，并通过协和度定量分析了多系统集成可持续运行的成效。邓子琼（1997）从微观、中观与宏观三个层面构建企业集成模型，并结合相关典型案例，提出相应的企业集成管理启示。华宏鸣（1997）提出通过构建团队网络实现现代化集成管理，而团队网络是一种新型的组织形式，它打破了传统的组织边界，并且进一步优化企业内部与企业外部的合作关系，提高了企业竞争力。成思危（1997）提出在运用综合集成方法中所要注意的几个关键问题。李宝山（1998）对集成管理理论进行了比较全面的探讨，主要涉及集成管理定义、逻辑框架、设计思路、集成系统运行机理等方面。刘敬军等（1998）根据敏捷制造的特点与要求，提出敏捷化供应链管理集成框架。海峰、李必强等（1999）探讨组织集成的含义与特征，提出基于知识的组织集成模式，高度协同性是实现组织集成效率的关键。海峰等（1999）初步探析了管理集成的内涵，并对相应的特征进行论述。

胡树华等（2000）认为产品创新与管理集成是一个相辅相成的整体，并从管理集成的原理、模式、技术与工具四个方面提出研究展望。余明晖（2001）提出企业集成的框架及其评价体系，并通过典型案例进行验证。陈剑锋等（2001）从知识管理理论的角度，阐述了知识集成的定义、分类、方式和模型。杨海蔚等（2002）讨论了信息集成在集成化供应链管理中的应用，并提出相应的技术支撑体系。陈劲（2002）初步构建了集成创新的理论框架。吴秋明（2003）论述了集成与系统的辩证关系，认为集成与系统之间存在相互依赖、相互作用的密切关系。张秀艳等（2003）运用神经网络集成理论，建立了股市预测模型，并以简单平均法在企业内部生成集成系统。孙淑生（2003）从集成论的视角，提出企业集成系统是通过虚拟组织、战略联盟等形式构建的一种网络化组织，它整合了不同层次与功能的集成要素，能够很好地适应复杂多变的外部环境。吴秋明（2004）论述了集成的概念及一般特性，并提出集成力模型，对集成管理的事理逻辑进行了详细探讨。李必强（2004）认为集成是系统构建的一种方法，是实现创新活动的手段，并且探讨了集成的概念、特征以及管理集成。戚安邦（2004）从组织使命、战略、项目和运营四个方面论述了全面集成管理理论与实践。刘传庚（2004）以神东公司的集成管理为案例，证明"技术集成—管理集成—集成管理"是企业实现技术与管理创新的有效途径。徐恺英等（2005）提出企业信息集成系统运行机制的定义及建立原则，重点分析了九个有代表性的企业信息集成系统运行机制，构建了运行机制间的关系图。周晓宏（2006）探析了技术集成的定义、过程以及实现形式等，并认为它是企业进行产品开发与创新的重要手段与模式。邢爱国（2006）以国家级高新区为研究对象，建立了集成管理框架，对政府、企业、大学、研究机构、中介服务机构等集成主体要素进行集成化管理，并测量它们之间的集成度。孙淑生和海峰（2006）提出集成系统是由集成关系构成的系统。它是一种适应知识社会、信息经济和组织创新要求的新型的组织模式，是一个伴随环境演进的复杂自适应性系统。李林等（2006）比较分析了传统管理模式与集成管理模式，并探讨如何运用集成管理实现企业效率。王攀（2007）从哲学与方法论的视角，运用方法集成为科技创新解决基本问题，并以软计算方法集成为范例进行了分析。贾军和吉久明（2007）从模型驱动架构视角，探讨企业知识集成系统的构建，把其划分成为领域相关性分析子系统、知识发现和收集子系统、知识管理子系统以及知识分析和创新子系统。王娟茹等（2008）构建了企业知识集成能力评价指标体系与灰色多层次评价模型，并进行实证分析。彭志忠（2008）采用协同的思想，基于网络和电子商务，设计出支持建筑施工企业的供应链集成系统。江伟光等（2009）提出一种基于本体的产品知识集成框架，并对本体等相关定义进行了界定。

王国红等（2010）基于集成思想，运用物理"场"的原理，构建产业集成创新模型，并提出相应的实现路径。王海峰等（2010）运用综合集成的思想与方法，从物理、事理、人理三个方面构建了理论模型，有效解决战略性的复杂问题。刘艺等（2010）把集成的思想融入企业全面预算管理，据此构建了相应的企业集成管理系统。李丽（2011）基于资源约束理论，分别从四个维度构建了多层次的产业集成系统，包括各种集成要素、平台、核心目标等方面。曾勇等（2011）将集成应用到军事供应链组织集成中，提出军事供应链集成含义、现状、问题和目的，并建立了矩阵型、网络型、多维立体型和复合型的军事供应链组织集成模式。冯良清等（2012）基于企业生命周期，以质量管理为核心，探讨了基于模型的集成诊断体系。郭亮等（2012）运用动态能力理论，探析企业技术集成能力内涵及特点，并提出其构成的三个维度。钟煌（2013）基于集成管理理论，探讨企业集成管理内涵、特点、功能，并指出，企业集成管理不仅适用于单企业部门间的管理，还适用于企业间的管理，如企业策略联盟、虚拟企业等组织形式。秦浩安（2014）以项目群为研究对象，认为通过集成与协同的管理，能够实现"1＋1＞2"的效果。根据一般系统论观点，李菁和揭筱纹（2014）认为，集成系统是指在一定的集成环境下，按照某种集成模式，集成单元之间在特定条件约束下，通过集成界面连接形成的集成体。施娜柯等（2014）研究了科技资源集成系统的自组织运行与序参量识别。刘振华与盛小平（2014）在分析竞争情报与知识管理两者关系的基础上，根据信息需求分析、信息收集、情报分析、知识组织、知识共享、知识创新等关键流程，构建竞争情报与知识管理的集成系统。张世军（2014）分析了当前物流产业集群的特点，阐述了物流集成的内涵与优势，并提出相应的发展对策。刘菲与郝风杰（2015）采用云计算的设计理念，依托网络、存储、传感器等基础设施，综合运用中间件、系统集成、数据挖掘、信息采集等技术，构建了基于 Web 服务的集成系统。陈捷娜（2015）基于集成视角，认为产业集群本身也是集成系统，并通过构建产业集群协会，实现其组织结构化。张鹏飞等（2016）根据石化企业的特点，运用线性规划方法，构建了企业集成优化模型，并分析不同市场案例场景。高跃等（2016）以创新型企业为例，基于项目多要素构建集成管理的动态模型，并进行算例验证。欧光军（2016）从创新生态系统的角度，探究了高技术产业集群企业创新集成能力生态整合路径，并进行了实证分析。刘黎（2017）提出通过集成化管理方式解决建筑企业在项目建设过程中遇到的困难，以改变当前的处境顺应时代的发展。丁迺劲等（2017）通过对比日本、澳大利亚等国的数据集成实践，建立基于多元数据集成的组织管理框架。徐红涛等（2018）基于集成管理理论，探讨了企业集群系统的构建及其效应模型，并提出相应的管理建议。董千里（2018）运用集成理论中集成场这一基本范畴，研究了物流链和供应链两个网链的形成及发展机理，指导物流业与供应链在实践中的联动发展。李柏洲（2018）针对集成供应链伙伴动态选择问题，构建了合作创新能力场模型，对合作伙伴进行动态选择和淘汰。蔡婷（2018）针对大数据背景，运用集成思想设计供应链管理系统，以期提高供应链的运行效率。贾帆帆（2019）分别阐述了企业内部与企业间的集成关系，并从企业文化、组织结构、战略等方面分析了基于企业集成的供应链管理。王娟等（2019）基于集成式供应链的视角，为了获取整体经济效益，提出了回收定价模型。陈娜（2019）基于耦合性视角，探索了产业集群集成创新能力，并认为，产业集群可以通过集成创新发生系统质变，进而实现集成放大效应。徐红涛等（2019）基于集成论，运用社会集成力模型从四个方面探索企业集群竞争力的提升路径。许立兰（2019）利用网格技术，探索企业供应链集成，并分析其与传统企业供应链之间的区别。孔梅英等（2020）运用集成论的集成力模型，探索了产业集群升级路径与机理，并以晋江制鞋产业集群为例进行了实证分析。姜照君等（2021）选取714家文化企业作为研究样本，开展调查与实证研究发现，知识溢出、服务集成分别对文化企业绩效产生正向影响，并从政府层面和企业自身层面提出了管理建议。马欣欣等（2022）从供应链集成的角度，选取近5年的上市流通企业作为研究样本，进行实证分析，发现数字化转型对企业供应链集成与流通企业融资效率均产生正向影响，并以此提出了相应对策建议。张永宾等（2023）运用结构方程模型验证了供应链集成能力、战略导向与电商企业绩效之间的影响关系，发现供应链集成能力对电商企业绩效具有促进作用，而战略导向在过程中起到调节作用，并据此提出相关的管理对策。

1.2.1.3　国内外研究述评

通过以上对国内外集成相关研究的回顾，可以发现：

（1）研究趋势。本书借助中国知网全文数据库对集成1983～2022年的国内外学者的相关研究成果进行统计发现，国内外研究成果分别在2008年和2019年达到了高峰，国外的成果数量多于国内，国内外关于集成研究成果数量总体保持比较高的水平。

（2）研究主题。借助中国知网全文数据库对集成的国内外文献的来源分布进行计量可视化分析发现，其主要集中在企业集成管理、系统集成、管理集成、技术集成、知识集成、产品集成、供应链集成、集成创新、企业集成系统、信息集成、项目集成、集成管理、产业集群等方面。其中，有关于企业集成管理方面占比最大。

（3）学术关注度。借助中国知网全文数据库，发现国内外有关于集成的学术关注度总体趋势有所上升，在2016年出现了高峰，但是其后有所回落。

（4）研究热点。本书借助中国知网全文数据库，运用计量可视化工具得出了有关"集成"关键词共现网络图谱，以此分析国内外研究的热点领域。

由此发现，国外关于集成的研究热点主要集中在供应链集成管理、集成创新、项目集成管理、知识集成等领域，其中供应链集成最为热门。国内关于集成的研究热点主要集中在企业集成管理、管理集成、企业集成系统、供应链等领域，其中企业集成管理最为热门，与之相关的有企业集成系统、虚拟企业、供应链等。

（5）有待进一步完善的研究。虽然国内外学者关于集成的研究成果颇丰，但仍存在有待进一步完善的地方，主要如下：

第一，企业集成系统协同行为管理的基础理论研究不足。已有文献中所提及的虚拟企业、企业战略联盟、供应链集成等，实际上都是企业集成系统的具体表现形式。企业集成系统并不是由若干个企业进行简单相加，而是建立在一定关系基础上的系统整合。企业集成系统的建立，同时也意味着成员企业间界面的存在，这些界面是系统效率与效益损耗的节点。因此，通过协同行为管理降低由于界面冲突而引起的损耗，进而实现整合增效，即 $1+1>2$，就成了企业集成系统管理的关键。然而，从已有研究成果看，大多数研究集中在系统的建立、运行等方面，对诸如企业集成系统协同行为的机理与机制等基础理论的研究存在明显的不足，使得企业集成系统协同行为管理缺乏基础理论的支持。

第二，缺乏基于集成力的企业集成系统协同行为评价方法。企业集成系统不同于一般系统，它是运用集成的手段而构建的集合体，进而通过协同实现整合增效。集成力是凝结各集成要素（子系统）的作用力。集成力越大，说明各集成要素（子系统）之间的凝聚力越大，相互之间的协同性就越强，就越容易实现增效。因此，运用集成力评价企业集成系统协同行为不仅合乎逻辑，而且也较为科学。然而，从已有文献看，常见的协同度评价方法有 DEA、离差系数、序参量、灰色关联、熵等，而基于集成力的企业集成系统协同行为评价方法的研究尚为缺乏。

1.2.2　协同研究现状及述评

1.2.2.1　国外研究现状

国外学者早在 20 世纪 70 年代初开始研究协同学。1971 年，德国物理学家赫尔曼·哈肯（Hermann Haken）率先提出了协同理论，并出版专著，正式创立协同学。之后，又相继出版《协同学：最新趋势与发展》《高等协同学》以及《信息与自组织》等书。他认为，协同是复杂系统内的各子系统产生超越自身单独作用而形成整个系统聚合作用的合作行为，最终实现 $1+1>2$ 的协同效应。自协同学创立后，引起了各国学者的广泛关注，后者相继开展相关研究。文（Ven，1976）认为，协同是将组织内不同的元素进行集合，并一起完成共同计划。哈肯（Harken，1981）对协同机理的解释是，在一个开放的系统中，组件不断地探索新的位置、新的动作或新的反应，并且系统的许多部分参与了这个过程。达斯（Dess，1987）采用了一个常数来充当样本中的最大不协调值，分别探索了团队的竞争力与组织目标之间的协同性。普莱斯考特等（Prescott et al.，1990）探究了外部环境与组织战略之间的协同关系，据此构建了两者的协调度模型。纳德勒等（Nadler et al.，1992）从人—正式组织、人—关键任务、人—文化、关键任务—正式组织、关键任务—文化、正式组织—文化 6 个维度研究了组织要素之间的协同程度。马龙等（Maloner et al.，1994）将协同定义为活动和实现目标间相互依赖性的管理。迈克尔（Michael，1997）从价值链的角度解释协同，强调价值管理与价值创造的关系，并认为，企业可以通过搭建内部各单元间以及企业间的关联关系，进而形成竞争优势。塔什曼等（Tushman et al.，1997）提出组织基本要素间协同度的诊断方法。科宁（Corning，1998）研究了多个子系统产生的整体效应。罗伯特（Robert，1998）基于企业群的角度提出了协同的概念，并认为，协同是企业群体中各独立单元的业务进行加总而成的整体表现。罗思伯格等（Rothberg et al.，1998）从组织文化、架构以及领导三个维度，提出了组织内部协同度的评价方法。米切尔等（Mitchell et al.，2000）通过建立子系统协同演化的架构提高系统的整体契合度。

斯坦克（Stank，2001）认为，两个或两个以上的成员或组织拥有共同的愿景，通过共同工作、共分成果、共做决策、共享资源，从而达到共同目标。恩赛因（Ensign，2001）基于协同论，分别从组织环境、组织战略、组织目标三个维度构建了组织协同度模型。巴鲁特（Barut，2002）采用 DSCC 法，建立信息协同度模型，测量供应链节点企业与其伙伴企业间的信息协同度。汤普森（Thompson，2003）认为，协同是将系统中的元素关联起来，共同作用。科伯格等（Koberg et al.，2003）运用五分法探究企业内部跨部门之间的协同机理，并分析了影响企业增量与创新的相关因素。奇德西克等（Chissick et al.，2004）基于系统论认为协同是由系统内部各要素之间相互发生作用而引起的合作，并产生了独立元素无法实达的效果，这是合作的高阶次。弗兰克等（Franke et al.，2005）揭示了制造业部门之间的协同机理，并根据投入—产出框架，分析制造业部门间协同关系变化的影响因素。库特沃宁等（Kutvonen et al.，2005）分析了企业间在动态的商业网络中的协同问题。莱德斯多夫等（Leydesdorff et al.，2006）基于非线性系统动力学，运用三螺旋模型测量企业、政府与学界之间的协同性。尼托等（Nieto et al.，2007）以西班牙制造企业为例，论述了多元化的协同网络对企业产品创新的重要性。萨马拉等（Sammarra et al.，2008）以罗马航天工业产业集群为例，发现通过建立企业间协同网络，可以对知识有效集成，实现协同创新。贝伦斯等（Behrens et al.，2009）探索性地研究了运输成本、社会福利、产业三者之间的协同机理，并指出成本的降低会促进工业集聚的形成。约恩等（Yoon et al.，2009）主要以石化公司合并为研究对象，从流程、成本、合同三个维度，构建了协同度评价模型。亚里莫等（Jarimo et al.，2009）发现利用 MILP 模型为虚拟企业选择合作伙伴，有利于企业协同。纳迪亚（Nadia，2009）认为，在资源约束下，应该通过建立企业战略联盟，实现资源共享，提高协同效应。彼得（Peter，2010）论述了两家跨国公司通过构建融合平台建立协同网络、开展技术研发合作，最终实现协同创新。

巴奇（BC，2011）运用路径分析法分析成员企业的情感信任和胜任力的信任对供应链协同的影响。阿玛比尔（Amabile，2011）认为，协同是一种协作关系，是为了实现共同目标而产生的系列分享、互动以及协调的活动。邵红等（Shaohong et al.，2011）基于自组织理论和协同理论，分析产业集群的形成及其协同机理，并将区域产业集群划分为三个阶段，认为竞争协同机制有利于产业集群的升级。巴拉兹等（Balazs et al.，2011）采用熵的原理以及统计学的方法，分析了创新系统的协同问题。阿班纳曼（Anbanandam et al.，2011）以零售商和制造商为研究对象，基于最高管理层承诺、信息共享等五个关键变量构建了协同度模型，并运用图论进行计算。辛格等（Singh et al.，2011）确定了 32 种因素能有效推动供应链协同，进一步将其分成六个相关范畴，采用解释结构模型，评价各个指标。珀塞尔等（Purcell et al.，2012）从个体行为角度研究发现，当社会行为产生协同效应时，会引起个体间协同行为的变化，并据此提出了个体间合作的协同机理。赫勒奥斯等（Halkos et al.，2014）建立数学模型对气候与环境之间的协同机制进行预测和评估。加尔泽拉（Garzella，2014）开发一种有效的协同度量模型来支持企业并购中的决策过程。马努基（Manoukian，2015）从内外部因素角度，探讨利益相关者的伙伴关系协同机理，并提出一个相应的理论框架。洛普斯等（Lopes et al.，2015）提出了一种基于效用的多属性决策模型，用于分析各种项目之间的协同关系，便于用户进行合理化投资。伍本等（Wubben et al.，2016）建立了企业并购创新协同的概念框架，并系统分析了并购后的协同机理与协同机制。保韦尔斯等（Pauwels et al.，2016）基于贝叶斯向量回归模型，分析了线上线下渠道的协同程度对于产品品牌知名度的影响。彼得罗夫等（Petrov et al.，2017）探析了协同管理的基本原理，并以交通基础设施项目协同管理为例，提出了项目中各参与者之间的协同机理。高尔吉斯（Golgeci，2017）探讨关键营销和供应链管理能力之间的关系，并揭示出它们之间的协同机理及潜在的协同效应。德扬等（Dejan et al.，2017）运用蒙特卡罗和 DCF 理论构建了协同效应的测量模型，用于计算其效应值。伊瓦尔迪等（Ivaldi，2017）利用企业横向并购对企业关键折扣的影响因素，构建企业并购后的协同度模型，进而分析并购后企业间的合作强度是否比并购前的更加强烈。玛丽（Marie，2018）采用因果推理和基于过程的模型探索生态系统服务协同机制，以确保有效地管理生态系统服务。申（Shen，2018）等基于蚁群算法分析农业经济周期协同测度。穆罕默德等（Mohamed et al.，2019）通过协同机理探索了契约与非契约主体之间的协同效应对最优契约产生的深远影响。方等（Fang et al.，2020）以集装箱多式联运的全过程为研究对象，建立了基于协同理论和案例研究的集装箱多式联运协同度评价指标体系和测度模型。贾拉塔纳等（Giarratana et al.，2021）分析了协同在多元化企业的销售增长作用，通过区分无规模资源与非无规模资源之间的产品利基，发现企业越是多样化地利用非无规模的资源，其销售增长和差异越有可能正相关。霍鲁贝斯克等（Holuběk et al.，2022）对协同效应是否有助于加强组织之间的合作进行研究，以实现更可持续的业务，并结合了 2014～2018 年相关互联网来源（定量和定性）的内容分析和社会学调查，结果表明，合作的有效利用与战略管理中的协同效应和市场竞争力之间存在着密切的联系，并对业务可持续性大有裨益。亚等（Ya，2023）对来自 50 家公司 391 名销售人员进行调查，发现销售人员导向和销售人员控制之间的协同作用对适应性营销行为产生了积极作用，并有益于销售绩效的提升。

1.2.2.2　国内研究现状

国内学者在协同方面的研究起步较晚，始于 20 世纪 80 年代初期，更多的是在引入国外协同思想和理论的基础上进行实践方面的探索。最早对协同学进行研究的是王雨田教授（1986）、刘迅（1986）等，他们均认为协同学是以“新三论”为基础，并分别阐述了协同理论的内容、意义及应用领域。随后，关于协同学方面的研究成果逐渐增多。黄启学（1987）初探协同论在民族地区经济建设发展中的应用。关西普等（1988）阐释了协同理论，并认为，协同论可用于指导现代企业管理实践。曹亚梅（1991）论述了协同理论在生产力发展中的应用，并提出，与生产力相关的各要素、各系统之间的协同程度可用于判断生产力的发展水平。骆品亮等（1996）认为，采用柔性技术是企业战略定位的一个重点，通过绩效函数联结技术与运行环境，提出技术—环境协同的框架体系以解决环境不确定性的问题。马杉等（1997）基于协同论，从协同目标、协同特征等方面分析了区域经济系统，并进行实证分析。丁开盛等（1998）认为面对白热化的竞争环境，世界经济已跨入伙伴时代，基于共同利益的前提下，企业必须通过建立企业联盟寻求合作以实现协同竞争。张新华（1999）根据协同理论，提出了协同三角形模型，用于分析判断科技成果转化三要素的协同状况。李天铎（1999）论述了协同论对社会经济系统进化的作用，并认为，它的共振激励能够促进经济、技术以及社会组织形式的发展与变革。

孟庆松等（2000）基于系统论，探析了复合系统的协同机理，提出了基于序参量的复合系统协调度模型，并对 3E 系统协调度进行了实证分析。秦书生（2001）认为现代企业是一个复杂大系统，具有自组织特性，并且从引入竞争与文化引导两个维度分析了协同机制。徐浩鸣等（2003）对 3E 复合系统协调度模型进行了优化，分别给出了产业组织系统有序度和协同度模型，并选取案例进行了实证分析。李海婴等（2004）分析敏捷企业协同运行机理，总结与传统工业时代的企业相比，敏捷企业具有的特点，探讨协同形成的六个动因、协同方式及实现形式，并构建协同模型。穆东等（2005）运用 DEA 方法，提出资源型区域系统协同发展评价模型，用于测量系统内部与子系统之间的协同发展程度。毛克宇等（2006）结合 AHP 和模糊综合评价法，对企业协同能力进行测量。陈士军（2007）分析了农业可持续发展系统的关键影响因素与协同机理，并运用灰色关联分析法，构建了其协同度模型。覃刚力等（2007）将企业协同看作是企业之间的博弈行为，并利用数学模型对其协同效应进行测度，并提出了企业间的协同机理及其协同最优解。井然哲（2007）基于自组织协同论，揭示企业集群系统协同机理，并运用动力方程探索了企业集群系统的发展过程。李彬（2008）结合管理系统理论以及协同理论，分析了企业管理系统的协同运行机理。桑秋等（2008）以沈阳为例，对人口—经济—环境复合系统的协调度进行了实证研究。王姣（2008）基于组织间信息系统协同度的影响因素与协同机理，并运用组合评价方法测量其协同度。宋华岭等（2009）基于协同论，运用熵的原理，多维度地构建了协同度模型，并对熵信息进行评价。鄢飞（2009）结合协同学、集成论和系统科学等相关理论，总结物流服务供应链特征和形成过程，构建了包含协同形成、成长、运行和演化的物流服务供应链协同机理。

孙冰等（2010）基于协同学的序参量以及实地调研，构建了企业自主创新动力系统的协同运行机理。陈丽（2010）研究了基于共同价值的多维度组织协同机理，并构建了概念模型。徐晔（2010）以企业融合为纽带，利用系统理论与协同学的思想和方法，剖析了 IT 企业组织结构演变的自组织过程，并分别从形成、实现、支配、反馈四个方面提出了完整的协同机制。邓好霞（2010）运用数据包络分析法，对企业网络组织的协同度进行评价。钟铭等（2011）构建基于协同理论的协同度评价模型，并以大连市港口物流与城市经济系统为例，构建港口物流与城市经济协同度测度模型，并进行协同度测量。彭建仿（2011）从市场定位和职能定位两个角度，对企业与农户之间的协同共生关系进行了系统阐述，并基于两者之间的协同行为，分析了两者协同的内在机理及其主要影响因素。刘彦（2012）结合组织管理学理论，构建了供应链节点间企业组织协同机理，并详细阐述了供应链节点间企业组织协同机理建立的动机性因素及协同实现的过程。郭伟锋等（2012）根据协同学理论，分析制造业转型升级中存在的问题及影响因素，并提出制造业转型升级的协同机理模型。汪锦军（2012）基于利益和目标两个维度，构建了四位一体的协同机制，并结合相关案例分析，阐释每一种协同机制的内在关系和实现机制。张方等（2012）根据协同理论，构建资源型企业技术创新系统协同度评价模型，并进行实证分析。李林等（2013）运用文献分析法，建立了区域协同度评价指标体系，采用熵模糊元模型弥补了数据的模糊性，以此更加准确地测量区域协同度。舒辉等（2013）基于集成视角，分析农产品物流系统协同动因，并构建协同机理。杨立新等（2013）通过典型案例分析，探究了面向供应链的产业主体的协同创新机制。李永周（2014）基于协同理论的序参量和自组织原理，从科技、市场、文化三个驱动要素出发，探索高校产学研的协同机理与合作机制。张素平（2014）结合演化理论与资源基础观，探索了核心技术与互补资产相整合的协同机理。解学梅等（2014）对316 家企业进行问卷调查，并采用多元回归法探索各企业之间的协同创新机制。李海东（2014）将灰色关联理论与 TOPSIS 思想相结合，构建了以皖江城市带为实证分析对象的基于距离协同模型的区域协调发展评价方法。王玉玉（2015）采用 PCA，构建区域协同度测量模型，并进行相关测算。蒲宝山等（2015）以虚拟企业为研究对象，根据协同学理论，运用 IWO 算法建立系统协同度模型，主要用于虚拟企业合作伙伴选择。邓希颖等（2015）以京津冀电子信息产业集群为例，探究集群内成员企业之间的协同机制，促进产业集群良好运行。孙金秀等（2015）论述了我国现代物流业与先进制造业之间的协同内涵与特征，并从动力、传导、保障、评价机制四个维度，进行协同机理的探索。张夏恒（2016）根据生态系统相关原理，从物种、地理空间等五个不同的视角，探究跨境电子商务与物流之间的协同机理。陆鹏飞等（2016）分析了工业企业集群品牌生态系统内涵与特征，揭示了生态系统中企业间的协同机理，并从管理、创新、整合和保障四个方面，完善了协同的运行机制。高鹤等（2016）从区域创新系统、低碳经济、政产学研合作三者之间的内在关联入手，从系统动力学角度，分析区域低碳创新系统的内涵、结构及协同机制。黄传荣等（2016）从互适性、互依性、互促性等方面，分析了自主创新与利用 FDI 两者间的相互作用关系，并从产业协同、空间协同及研发协同等角度，建立了自主创新与利用 FDI 间的协同机制。赵武等（2016）从动态演进内部逻辑上阐释了基于创新环境、创新源互动网络以及商业平台的开放式服务创新协同机制。刘有升等（2016）运用 GRA，并借鉴复合系统协调度模型，评价跨境电商与物流系统的协同度。江新等（2016）以项目集为研究对象，采用熵权法确定评价指标权重，运用 TOPSIS 对其协同度进行测算。刘容志（2016）以产业集群创业孵化系统为研究对象，运用 ECM 评价法，建立了协同度模型，对系统内的各个子系统的协同度进行评价。张英华等（2016）以供应链协同绩效为研究对象，采用梯形模糊数相似度的多属性决策方法建立了计算模型进行测量。刘艳（2017）以阿里巴巴构建诚信体系为例，研究过程视角下责任型领导与组织文化的协同机制。秦铮等（2017）针对分享经济模式，提出了"政府—市场—社会"三方协同机制，以形成政府、市场、社会三方良性互动、相互促进的关系。孙佰清等（2017）通过构建合作博弈理论模型对应急物流协同机制进行研究。孙丽文（2017）以绿色创新系统为研究对象，借鉴复合系统协调度模型，并采用离差最大化法进行子系统及整体协同度的测量。程强等（2017）基于自组织理论，探索了产学研协同创新的协同演化机理。李玥（2017）基于资源基础理论，构建组织间协同机理，并详细阐述其机理的优势。于淼等（2018）以跨职能项目研究对象，分析其知识集成的动态协同机理，发现其协同特征，并认为其是多维度的全面协同。徐思思等（2018）运用线性加权方法计算科技型人才聚集与高新产业两个子系统的贡献度以及复合系统的协同度。任大帅与朱斌（2018）利用复杂适应系统理论中的反应—刺激模型以及基于生态学中的物种竞争和协同视角，研究了主流创新系统和新流创新系统竞争与协同的演化机制，分析了两者在演化周期不同阶段的竞争和协同特征。余福茂等（2018）从不同角度考虑电子商务对产业集群供应链的驱动效应，从信息协同、增强企业间的信任合作、缩短市场响应时间、快速整合市场资源、促进集群供应链内企业间的协作和竞争等方面设计电子商务驱动产业集群供应链协同机制。李海超等（2018）以区域科技创新复合系统为研究对象，运用复合系统协同度模型对其进行了测度。鲁渤等（2019）构建竞争力评价指标体系，运用面板数据模型，分析了港口竞争力与腹地经济协同机制，并揭示其影响的核心要素。解学梅（2019）运用回归分析法，探索了基于绿色创新供应链企业的协同机理，发现了驱动因素对供应链的相关影响。程士国（2020）运用数理模型，提出了物流系统功能要素间的协同机理模型，并采用典型案例进行验证。这些关于协同机理的研究对本书的构想起到了重要的启发作用。黄湘萌等（2020）在发展绿色经济的背景下，构建制造业绿色供应链协同机制模型，旨在加强各节点企业之间的绿色协同。关溪媛（2020）基于复合系统协同度模型，采用面板数据分析，对辽宁沿海经济带经济协同度进行测量，并提出了相应的发展对策。杨晶等（2021）基于系统论与协同论等相关理论，探讨科技金融与科技创新在协同过程中所出现的问题，并从政策、服务、模式、人才等方面提出了相应的管理建议。刘明等（2022）在厘清中国金融业与制造业的互动发展关系的基础上构建了两业高质量协同发展指标体系，运用熵权法与耦合度指标测度分析了两业的协同发展水平，并提出了相应的耦合协同发展的对策建议。张强等（2023）基于自组织理论与协同论，从价值场景与工作场景两个维度探讨了高端装备设计制造一体化协同管理架构，并从组织、资源、决策等方面分析了协同过程。

1.2.2.3　国内外研究述评

（1）研究趋势。本书借助中国知网期刊数据库对关于协同的国内外学者的相关研究成果进行统计，发现国外对协同的研究的发文量低于国内，分别在 2020 年和 2022 年达到高峰。此外，国内外关于协同的研究成果数量整体呈上升趋势，国内更加明显，并持续上升。

（2）研究主题。借助中国知网全文数据库对协同的国内外文献的来源分布进行可视化分析，国内外学者有关于协同的研究主要集中在企业管理、协同创新、协同效应、协同机理、协同管理、企业并购、协同度、供应链、企业协同、协同机制、企业集团、协同模式、战略协同、虚拟企业、协同演化等方面。其中，有关于企业管理方面占比最大。

（3）学术关注度。借助中国知网全文数据库发现国内外有关于协同的学术关注度整体呈上升趋势，并且在 2019 年出现了高峰。由此可见，协同仍然是学术界所关注与研究的热点之一。

（4）研究热点。研究热点。本书借助中国知网期刊全文数据库，运用计量可视化工具得出了有关"协同"关键词共现网络图谱，以此来分析国内外研究热点领域。

由此可以发现，国外有关于协同的研究热点主要涉及虚拟组织。有关虚拟组织的研究，主要包括成员信任、社会中介、科学合作等。国内有关于协同的研究热点主要涉及企业管理等领域。企业管理的焦点主要集中在企业协同、协同管理以及协同机制等方面。

（5）有待进一步完善的研究。从现有的国内外文献来看，研究成果丰硕，但仍存在有待进一步完善的地方，主要表现在以下方面：

第一，缺乏对企业集成系统协同行为本质的认识。从已有文献的梳理看，国内外学者主要是研究具体的协同问题，如信息协同、要素协同、技术协同、运营协同、制度协同、资源协同、财务协同、目标协同、战略协同、组织协同、供应链协同、企业文化协同、管理协同、功能协同、协同创新、产品协同、流程协同、市场协同等，尚未意识到在社会系统中，"人"才是企业集成系统协同的本质，所有的具体业务协同均建立在以

"人"为基础的协同上。同时，也尚未意识到"人"的协同，包括 P－P 协同、P－O 协同以及 O－O 协同，它们制约和决定了企业集成系统中其他所有协同的问题。

第二，没有从组织行为学视角对协同行为进行研究。从已有文献看，国内外学者大多从协同论、自组织理论以及博弈论等角度探析事物的协同机理与机制。协同论是从物理学的角度，通过系统序参量分析事物从无序结构到有序结构的演化过程，探析协同机理与机制。自组织理论是从开放系统、非平衡态以及非线性等方面探析事物的协同机理与机制。博弈论则是通过构建合作博弈模型，分析协同过程中各要素（子系统）的理性状态变化过程以及它们之间的相互关系，进而探析其协同机理与机制。

但是，协同行为的本质是人的一种具体行为，必须符合人的一般行为规律。这是因为行为受到动机的支配，动机是一种内在心理的现象。根据心理学，行为主要表现为内隐行为与外显行为。因此，从组织行为学角度，根据一般行为过程的四个阶段，探索企业集成系统的协同行为演化过程、特征以及影响因素，进而揭示其内在机理与机制。这显然更为合理与科学。可是，就已有文献而言，基于组织行为学的协同行为相关研究尚缺。

第三，协同度评价方法有待丰富与完善。从现有研究上来看，现在所使用到的协同（调）度评价方法多样，大体上可以分成三类，即距离型协同（调）度模型、变化型协同（调）度模型和综合型协同（调）度模型。这三种协同度评价模型由于理论基础不同，因此其适用性存在较大差异，也各具优缺点。距离型协同度模型结构简单、算法也较为容易，但其缺点是将系统协同等同于系统间的相似性或同步性，只适合两个系统间的分析，未考虑时间因素，存在一定的局限性。变化协同度模型大多使用微分方程表示系统间的协同程度，与距离协同度模型相比，更加严谨与全面，可以用于研究多系统协同程度，同时考虑了时间因素，但其缺点是所用于计算协同度的微分方程复杂，较为烦琐且难度较大。与此同时，难以用系统间变化的一致性程度判断其协同与否。综合型协同度模型的优点是从系统整体的角度定义协同度，简化了求解过程，但其缺点是难以反映系统间协同行为的内在规律与联系，可能会出现协同度失真的现象。

企业集成系统与一般系统的不同在于形成系统的基础是集成，集成力是连接系统要素之间的作用力。显而易见，集成力越大，协同性越强，界面冲突越少，界面损耗越低，系统效益越高；反之，亦然。这说明，集成系统的集成力与集成系统的协同性存在正相关关系，应该用集成力来衡量企业集成系统的协同度。

1.3　研究意义

1.3.1　理论意义

本书基于人的行为过程规律模型，揭示了企业集成系统协同行为形成机理，包括企业集成系统内涵与特征，企业集成系统协同行为管理动因、演化过程与阶段划分、影响因素，以及协同行为特征等；探索了企业集成系统协同行为形成的七大影响机制，包括愿望形成机制、预期共识机制、目标协同机制、能力匹配机制、协同公平机制、强化协同机制、环境协同机制等，进一步丰富与完善了协同行为管理理论。

本书论证了集成力与协同度的相关关系，验证了集成力用于企业集成系统协同度评价的科学性与合理性，构建了基于集成力的企业集成系统协同度评价模型，建立了 P–P、P–O 及 O–O 的协同度评价指标体系，并探索 P–P、P–O、O–O 以及企业集成系统整体协同度测量的具体过程，进一步丰富与完善了协同度评价方法，拓展了集成管理理论的应用领域。

1.3.2　实践意义

本书揭示的企业集成系统协同行为机理包括协同行为管理动因、协同行为四个阶段、影响因素、协同行为特征以及企业集成系统协同行为机制，可为企业集成系统协同行为管理实践提供一种新的理论指导，对于企业集成系统引发、维护、强化协同行为，具有重要的实践指导意义。

本书提出基于集成力的企业集成系统协同度评价模型，并围绕企业集成系统协同行为本质，建立了基于 P–P、P–O、O–O 三个维度的企业集成系统协同度评价指标体系，不仅可以测量企业集成系统在运行过程中整体的协同程度，还可以从 P–P、P–O、O–O 等不同侧面反映其协同行为状态，具有靶向的作用，可以准确地找出协同过程中存在的问题以及应改进的方向，有助于对企业集成系统协同行为的整体把握以及实施精准干预与管理，以促进协同行为管理水平的提升。

1.4　研究目标、方法、内容与技术路线

1.4.1　研究目标

本书以企业集成系统协同行为为研究对象，具体研究目标如下：

第一，揭示企业集成系统协同行为机理。分析企业集成系统的内涵与特征以及企业集成系统协同行为管理动因，并根据组织行为学中人的一般行为过程规律，演绎推理企业集成系统协同行为过程规律，包括演化过程、阶段划分与影响因素，形成协同行为过程规律模型，在此基础上，分析企业集成系统协同行为特征，包括内隐行为特征与外显行为特征。

第二，探索企业集成系统协同行为机制。根据机制设计理论，在企业集成系统协同行为机理的基础上，揭示其协同行为形成的七大机制，包括愿望形成机制、预期共识机制、目标协同机制、能力匹配机制、协同公平机制、强化协同机制以及环境协同机制。

第三，提出企业集成系统协同度评价模型及测量方法。基于集成力模型，应用相关定量分析工具论证集成力与协同度之间的相关关系，提出基于集成力的企业集成系统协同度评价模型，并在分析企业集成系统协同行为本质的基础上提出企业集成系统 P–P 协同度、P–O 协同度、O–O 协同度以及企业集成系统整体协同度测量方法。

1.4.2　研究方法

本书采用的研究方法有：

1.4.2.1　文献研究法

应用文献研究法，对国内外相关文献进行检索与梳理，归纳总结国内外学者对集成、协同等理论的研究趋势、学术热点、研究主题、研究不足等，为后续研究提供基础。

1.4.2.2　调查研究法

应用专家调查、实地调查和问卷调查方法，进行问卷的修正、协同度评价指标的筛选与测量以及评价指标权重的确定，为本书提供有力的数据支撑。

1.4.2.3　定量分析方法

应用定量分析法进行企业集成系统协同度测量模型推导与计算，运用SPSS、MATLAB、AMOS、STATA 等软件对问卷数据进行标准化处理、信效度分析、相关分析以及结构方程模型分析。

1.4.2.4　案例分析法

选择 Star-Net 企业集成系统进行案例分析，应用本书提出的协同度测量方法，评价 Star-Net 企业集成系统的行为协同状况，以验证所提出的协同度评价模型与方法的正确性。

1.4.3　研究内容

本书共有九章，主要研究内容由五大部分构成：企业集成系统协同行为机理、企业集成系统协同行为机制、企业集成系统协同行为评价、案例研究、企业集成系统协同行为管理。具体如下：

第一部分，企业集成系统协同行为机理。首先，阐明企业集成系统的内涵与特征。其次，分析了企业集成系统的协同行为管理动因，并在此基础上，借鉴人的一般行为过程规律，推导出企业集成系统协同行为过程，包括协同行为形成的四个阶段及影响因素。再次，还从内隐行为和外显行为两个方面，提出企业集成系统协同行为的特征。最后，根据企业集成系统协同行为过程规律模型，分析了协同效价、协同手段、协同公平、协同期望、协同目标、协同能力以及协同环境等影响因素。企业集成系统协同行为机理是协同行为管理的基础。

第二部分，企业集成系统协同行为机制。在企业集成系统协同行为机理研究的基础上，运用机制设计理论阐析了企业集成系统协同行为机制的内涵与特征，分析了影响企业集成系统协同行为形成的七大机制，具体包括愿望形成机制、预期共识机制、能力匹配机制、目标协同机制、协同公平机制、强化协同机制、环境协同机制。把握协同行为机制对促进协同行为形成具有重要指导意义。

第三部分，企业集成系统协同行为评价。首先，论证集成力作为企业集成系统协同度评价模型的合理性与可行性。设计企业集成系统协同度测量量表，采用问卷调查收集数据，使用 SPSS 22.0 软件对样本的信效度进行分析，借助 Amos 24.0 软件设定结构方程模型及路径图，运用 STATA 10.0 进行统计及相关分析，验证集成力与协同度的关系模型，同时还分析了企业集成系统协同度子构面与集成力子构面之间的相关性，并对它们分别进行了聚类，以构建协同度评价模型。其次，在分析了企业集成系统协同行为本质的基础上，建立了以质量、心理距离、环境为三个维度的 P–P、P–O 以及 O–O 的协同行为评价指标体系，并据此探索 P–P、P–O、O–O 以及企业集成系统整体协同度的具体测量过程。

第四部分，案例研究。选取 Star-Net 企业集成系统作为案例进行应用分析，验证协同度评价模型的合理性与可行性。

第五部分，企业集成系统协同行为管理。根据集成系统协同度评价理论模型与协同行为过程规律，分别论述了协同主质量、协同主体心理距离以及协同环境的具体管理策略。

1.4.4　研究的技术路线

本书研究的技术路线，如图 1 - 1 所示。

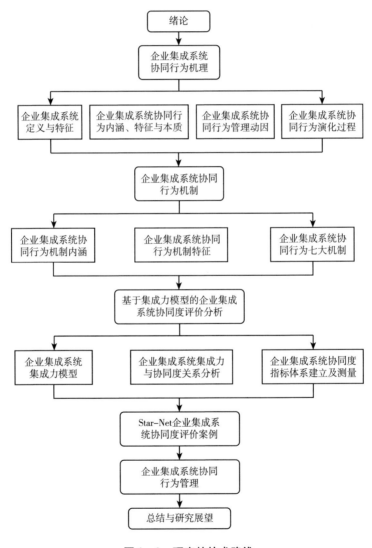

图 1 - 1　研究的技术路线

1.5 本章小结

本章简要介绍了本书的研究背景，然后通过对集成与企业集成系统以及系统协同性问题的国内外文献的梳理，分析归纳了当前的研究现状，具体包括研究趋势、研究热点、研究主题以及有待完善的研究领域。在此基础上，阐述了本书的研究意义、研究目标、研究方法、研究内容以及研究的技术路线，为后续研究奠定基础。

| 第 2 章 |

相关理论概述

2.1 集成管理理论

2.1.1 集成

2.1.1.1 集成的定义[①]

集成是具有某种公共属性要素的集合。集成的静态形式，可用式（2－1）表示如下：

$$A = \{X \mid P\} \qquad (2-1)$$

其中，A 表示元素 X 的集合；X 表示集合 A 的元素，X 是一个向量，X = （X₁，X₂，X₃，…，Xₙ）；P 表示集合 A 中元素的公共属性，即为满足集合 A 的约束条件。

2.1.1.2 集成的一般特性[②]

（1）公共属性。公共属性是指集成要素所要满足的约束条件。这种约束可以是显性的，也可以是隐性的；可以是成文的，也可以是不成文的。要素

---

① 吴秋明，李必强．集成与系统的辩证关系［J］．系统科学学报，2003（3）：24－28.
② 吴秋明．集成管理理论［M］．北京：经济科学出版社，2004.

能成为一个集成体中的一员，必具备某种共同的性质，否则，要素不会为集成体所容纳，集成体也不会形成。

公共属性是维系集成体得以延续的根本，是集成系统目的性、相容性的基础。

（2）互异性。集成为部分之和，此部分与彼部分不同，这是集成体的又一特征。无论是自然集成或是社会集成，无论集成过程是否具有人的主体性行为的存在，部分所构成的集合体，或者表现出增添型，或者表现出互补型。引发增添型的集成要素往往是同类而不相同的元素，引发互补型的集成要素往往是不同类的不同元素。集成的互异性的数学表达如式（2-2）所示：

$$A = \{X_1, X_2, \cdots, X_i, \cdots, X_j, \cdots, X_n \mid P\} (X_i \neq X_j) \qquad (2-2)$$

集成要素的互异性最本质的表现在于集成体中的任何一个要素具有产权上的自主性、独立性，它是我们探索集成系统互补性和耦合性的前提条件，也对集成系统管理提出的新的挑战。

（3）无序性。无序性是指集成要素在满足公共属性的同时，又具有时间、空间、心理上的无规则分布。无序性的数学表达式为：

$$A = \{X_1, X_2, \cdots, X_i, \cdots, X_j, \cdots, X_n \mid P\} = \{X_1, X_4, X_3, X_n, \cdots, X_2 \mid P\}$$
$$(2-3)$$

集成的无序性是我们实行集成管理、实施集成系统协同旋进策略、实现集成系统整合增效战略的动因。

2.1.2 集成管理

集成是一项活动，是具有某种公共属性要素的集合活动。而集成管理，就是对集成活动的管理，即综合运用各种不同的方法、手段、工具，通过集成计划、集成组织、集成指挥、集成协调和控制过程，促进各项要素、功能和优势之间的互补、匹配，使其产生 $1+1>2$ 的效果，从而为企业催生出更大的竞争优势，达到整合增效的目的。

在社会集成中，从要素集合到集成系统的形成，虽然不同的集成活动各具特点，但必有其共同的事理规律或事理逻辑。从集成管理的角度讲，总结这些规律或逻辑对于提高集成的有效性以及指导集成实践具有重要意义。

集成管理的事理逻辑过程如图 2 - 1 所示。

图 2 - 1　集成管理逻辑过程

集成管理的五个阶段与一般管理活动一致，只是在内涵上有所区别。

2.1.2.1　集成计划

集成计划是集成管理的首要职能。集成计划主要是明确集成的动因、对象、主体、时间、地点以及方式。

2.1.2.2　集成组织

集成组织，就是对各集成元素进行结构的建立、行为规范的制定、资源的配置以及集成文化的建设。

2.1.2.3　集成指挥

集成指挥的实质是驱动集成要素有序运动的过程，它既包括集成要素集合或整合的动态过程，也包括集成系统的维持和发展。

2.1.2.4　集成协调

集成协调，就是协调基本集成单元之间、集成单元之间、集成单元与整体之间的矛盾与冲突，实现有效的界面管理，达到整合增效的目的。

2.1.2.5　集成控制

所谓集成控制，就是对集成行为依照计划标准进行对照分析，从而发现误差、分析误差，并解决误差问题的过程。

2.1.3　社会集成系统集成力模型

社会集成系统集成力模型①为：

$$F(t) = E(t)\frac{Q_1(t)Q_2(t)}{d^2(t)} \qquad (2-4)$$

其中，$F(t)$ 表示社会集成系统两个集成元素之间的集成力；$Q_1(t)$、$Q_2(t)$ 表示社会集成系统中两个集成元素的质量；$d(t)$ 表示社会集成系统两个集成元素之间的心理距离；$E(t)$ 表示环境系数（$E(t) > 0$），假定对简单环境取 $E(t) = 1$，对复杂环境取 $E(t) < 1$，而环境越复杂，则 $E(t)$ 值越小；t 表示时间参数，在社会集成系统中，集成元素的质量、心理距离、环境都是时间的函数，从而导致集成力也是随时间的变化而变化。

根据式（2-4）可知，如果要实现两个集成元素的实质性集成，就得提高它们之间的集成力 $F(t)$。为此，就得提高集成元素的质量乘积 $Q_1(t)Q_2(t)$，缩小集成元素之间的心理距离 $d(t)$，简化集成环境 $E(t)$。

2.2　协同理论

2.2.1　协同学

20 世纪 70 年代，德国著名学者哈肯（Haken）教授首先提出协同学，它是一门跨自然科学和社会科学的横断科学，属于系统科学的范畴。1971 年，哈肯教授与其学生格雷厄姆（Graham）联合发表了《协同学：一门协作的学说》的论文，进一步阐述了协同学的主要概念和思想。1977 年，在《协同学导论》中，他们提出了协同学的基本理论框架。1983 年，在《高等协同学》中，他们提出了支配原理。1988 年，在《信息与自组织》中，他

---

① 吴秋明. 集成管理论［M］. 北京：经济科学出版社，2004.

们详细阐述了最大信息熵原理。协同学是哈肯在激光理论的基础上汲取了系统论、控制论、信息论等学科的丰富营养，经过了大量的探索、类比、归纳和提高而形成的一门科学。

协同学主要研究远离平衡态的复杂开放系统在与外界进行物质、能量与信息交换时，如何通过自身的协同作用，达到有序状态的功能结构，即主要探索各种系统从无序变为有序时的共同规律。同时，它还揭示了物态变化的普遍过程：旧结构—不稳定性—新结构。该理论的主要概念如下：

2.2.1.1 协同效应

协同效应是协同学的核心概念，是协同作用的结果。它指的是在复杂开放系统中，大量的构成要素或子系统之间发生非线性的作用，当达到某一临界状态时所表现出的一种整体效应，进而实现 $1+1>2$ 的效果。

2.2.1.2 自组织

简单地说，自组织是指系统无须借助外力，仅靠自身的内在机制，通过与外界的能量、物质、信息的相交换，使得自身从混乱无序走向稳定有序的现象。它是复杂开放系统自我完善的根本途径。

2.2.1.3 序参量

一个或少数几个变化量在系统相变的过程中完全控制了系统的有序变化程度，主导着系统走向有序，这些为数不多的变化量称为序参量，它们支配着子系统行为，是系统发展的主导性因素。其数学方程式为：

$$\frac{dq_1}{dt} = -\lambda_1 q_1 - \frac{ab}{\lambda_2} q_1^3 \qquad (2-5)$$

其中，q_1 表示序参量；λ_1、λ_2 表示阻尼系数；a、b 表示控制参数。

2.2.2 协同度

协同度，即协同的程度，是系统内各组成要素或子系统之间在发展、演化过程中彼此和谐一致的程度①。协同度越大，表明各组成要素或子系统之间配合越默契、关系紧密程度越高，越有利于实现系统目标；协同度越小，表明各组成要素或子系统之间的界面冲突激烈程度越大，导致协同的阻力越大、关系紧张程度越高，越不利于实现系统目标②。

2.3　组织行为管理理论

2.3.1　组织行为学

组织行为学产生于管理史上著名的霍桑实验，历经工业心理学、人际关系学、行为科学、管理心理学的发展，到 20 世纪 60 年代，逐渐形成。组织行为学是指研究、理解、解释发生在组织环境中人的行为现象，进而预测、引导、控制、改变组织环境中人的行为，提高组织集成力、组织绩效的一门科学。

2.3.1.1　研究对象

组织行为学的研究对象是人的行为，包括内隐行为与外显行为。

2.3.1.2　研究层次

由于一个组织是整个社会系统的一个子系统，其运行必然要受外部环境因素的影响，因此组织行为学的研究范围涉及四个层次，即个体、群体、组织和外部环境，如图 2－2 所示。

2.3.1.3　研究内容

组织行为理论主要是研究微观层面和宏观层面，微观层面主要是针对个体和群体心理和行为的发展规律；宏观层面主要是针对组织心理和组织行为

---

① 阎颐. 大物流工程项目类制造系统供应链协同及评价研究［D］. 天津：天津大学，2007.
② 胡洁. 基于模糊综合评价的物流标准化系统协同度评价［D］. 北京：北京交通大学，2012.

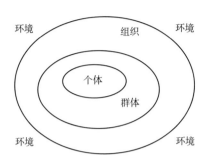

图 2 - 2　组织行为学研究层次

的发展规律。该理论的目的主要是提高管理者预测和调控人的行为的能力，进而提高组织效绩，其主要观点为：心理活动是行为的内在诱因，行为是心理活动的外在表现。主要内容如图 2 - 3 所示。

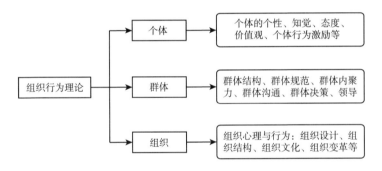

图 2 - 3　组织行为学研究内容

2.3.2　一般行为过程规律

瓦格纳等（Wagner et al.，1995）提出了动机与绩效诊断模型，即一般行为过程规律模型，如图 2 - 4 所示。该模型主要包括四个行为过程，即愿望产生、付出努力、取得绩效和获得满意。首先，当行为主体认为某件事物是重要的，并有实现的方式或路径，便产生了愿望。其次，对目标的实现概率进行评估，当认为存在高概率时，便付之努力。再次，行为主体能否顺利取得绩效，在很大程度上取决于行为主体的行为能力与对目标的认知。最后，在取得绩效后，行为主体将会对行为过程与结果进行衡量比较，当认为公平时，行为主体则获得满意。

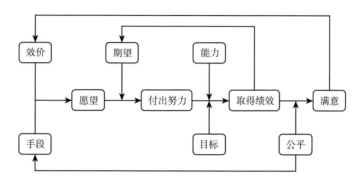

图 2 - 4　一般行为过程规律模型

在这个行为过程中，会出现三个强化作用：一是当行为主体获得满意后，会进一步地强化效价，即强化目标事件或事物重要性认知；二是当行为主体取得绩效后，会强化期望的认知，认为实现目标的可能性很大，进一步增强再次实现目标的信心；三是当行为主体获得公平感时，会强化手段知觉，即更加认可实现目标的方法或路径。效价、手段、期望是行为主体的动机性因素，起着引发行为的决定性作用。

2.4　机制设计理论

机制设计理论的思想最早源于 20 世纪 20 至 30 年代哈耶克·米塞斯与兰格·勒纳之间关于社会主义的著名讨论，其间提出了市场机制理论，包括信息分散理论、竞争理论等[①]。而后，2007 年诺贝尔经济学奖得主、美国著名经济学家、机制设计理论之父赫维茨，在其《资源分配的机制设计理论》一文中率先提出了通过机制设计使得资源配置最优化，这也拉开机制设计理

① Marie C Dade, Matthew G E Mitchell, Clive A Mcalpine, et al. Assessing ecosystem service trade - offs and synergies: The need for a more mechanistic approach [J]. Ambio, 2018, 48 (10): 1116 - 1128.

论的序幕。最初，机制设计理论普遍应用于经济学领域，后来逐步延伸至管理学领域[①]。

2.4.1 机制的内涵与特征

机制是指系统在运行过程中各种内部要素间的耦合关系与内在作用机理。它所起到的重要作用是在特定的组织环境下，对权、责、利等要素进行合理的配置，使管理过程顺利开展，并朝着预设的目标轨迹发展。

机制一般具有五个特征：一是客观性。机制的设计要顺应客观规律，顺势而为，这样才能达到预期的目的。二是自发性。机制一旦构建完毕，在一定条件下，不需要人为干预，可以按照预先设计的轨迹正常运转。三是动态性。机制会随着环境的变化而发生相应的动态调整。四是复杂性。机制是一个有着相应结构与运行机理的复杂系统。五是内在性。机制的形成和运作都会受到管理系统的影响，是一个内在运动的过程。

2.4.2 机制的构成

机制主要由三种机制构成：一是动力机制，也称为激励机制。它的重要作用是促进行为主体心理动机的形成，包括需求所致、利益驱使、外部因素推动等方面。二是运行机制。主要起着维持组织系统正常运转的作用，主要包括运行方式、原理、功能等方面。三是约束机制。它主要起着制约组织个体行为的作用，不影响系统的正常运转，主要包括法律约束、道德约束、制度约束、利益制衡等内外约束。

---

① Marie C Dade, Matthew G E Mitchell, Clive A Mcalpine, et al. Assessing ecosystem service trade-offs and synergies: The need for a more mechanistic approach [J]. Ambio, 2018, 48 (10): 1116 - 1128.

2.4.3　机制的设计步骤

一般地，机制设计很多时候是针对管理而言的，被管理者总存在着某种倾向，期待着一定的回报，而管理者总是期待被管理者以某种特定的状态去实现既定的管理目标。当这种回报和状态相耦合时，被管理者将向目标运动，而当两者相背离时，被管理者则远离目标方向，如图 2 – 5 所示。

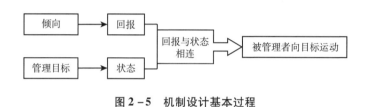

图 2 – 5　机制设计基本过程

2.5　层次分析法

层次分析法主要用于确定指标权重，特别适用于那些难以完全定量分析的问题。它是指在处理复杂的决策问题时，将与其有关的总目标划分成多个子目标或准则，再分解成多个子准则或多个指标的不同层次，并在此基础上进行定性指标模糊量化，进而计算出层次单排序和总排序，最终为实现相关目标进行方案优化，提供科学决策方法①。其优点在于综合考虑了定性指标和定量指标，并在一定程度上克服了决策者在决策过程中的主观性，且只需要较少的数据，便于计算。

具体计算步骤如下：

（1）建立层次结构。根据指标间的隶属关系，对评价指标进行分解，确定相应的目标层、准则层、子准则层和方案层。本书是对集成系统的协同度

---

① 郭金玉，张忠彬，孙庆云. 层次分析法的研究与应用 [J]. 中国安全科学学报，2008，18 (5)：148 – 153.

进行评价，属于目标层。对集成系统协同度的影响因素进行分类，得到一级指标，属于准则层，其分解出的二级指标属于子准则层，三级指标则为方案层。

（2）构造判断矩阵。建立层次结构之后，就要确定各个层次的重要性，即权重。首先，根据模糊数学理论，采用1~9标度法，把判断结果定量化，标度重要性判断如表2-1所示。其次，采用专家评分法，要求专家依重要性程度不同对一级指标层的各指标重要性分别赋值，两两相比较，从而得出层次分析法的判断矩阵。

表2-1   **标度重要性判断**

标度	$a_{ij}=1$	$a_{ij}=3$	$a_{ij}=5$	$a_{ij}=7$	$a_{ij}=9$	$a_{ij}=2,4,6,8$	倒数
定义	同样重要	略微重要	明显重要	非常重要	极其重要	处于上下相邻标度之间	后者比前者的重要性程度

全部比较结果表示为判断矩阵形式：

$$A = \begin{bmatrix} a_{11} & a_{12} & \cdots & a_{1n} \\ a_{21} & a_{22} & \cdots & a_{2n} \\ \cdots & \cdots & \cdots & \cdots \\ a_{n1} & a_{n2} & \cdots & a_{nn} \end{bmatrix}$$

简写为 $A=(a_{ij})_{n \times n}$，其中 $a_{ij}>0$，$a_{ij}=1/a_{ji}$，$(i, j=1, 2, \cdots, n)$。

（3）一致性检验。首先，根据上述得出的判断矩阵，计算矩阵的最大特征根 λ_{max} 以及对应的特征向量 W。其中，特征向量 $W=(w_1, w_2, \cdots, w_n)^T$。其次，在两两比较过程中必须具有一致性，用一致性指标 CI 来表示。存在一致性指标值 CR，当 CR<0.1 时，满足一致性要求，其中，CR=CI/RI。RI 是一个定值，是平均随机一致性指标的均值，如表2-2所示。

表2-2   **判断矩阵的平均随机一致性指标 RI 值**

阶数	1	2	3	4	5	6	7	8	9	10
RI	0	0	0.52	0.89	1.12	1.26	1.36	1.41	1.46	1.49

计算步骤如下：

a. 计算判断矩阵 A 的每一行元素的乘积：$M_i = \prod_{j=1}^{n} a_{ij}$；

b. 计算 M_i 的 n 次方根：$\overline{W_i} = \sqrt[n]{M_i}$；

c. 将 $\overline{W_i}$ 进行标准化：$W_i = \overline{W_i} / \sum_{j=1}^{n} \overline{W_j}$；

d. 得出权重向量：$W = (w_1, w_2, \cdots, w_n)^T$；

e. 计算最大特征根：$\lambda_{max} = \sum_{i=1}^{n} \frac{(AW)i}{nW_i}$；

f. 计算一致性指标：$CI = \dfrac{\lambda_{max} - n}{n - 1}$。

根据上述层次分析法确定权重的计算步骤，可求得第二层相对于第一层指标的权重、第三层相对于第二层指标的权重以及指标层相对于目标层的总权重，即指标层综合权重。

2.6　本章小结

本章分别介绍了集成管理理论、协同理论、组织行为管理理论、机制设计理论以及层次分析法等。组织行为管理理论和机制设计理论分别为第 3 章与第 4 章的协同行为机理与机制研究提供理论支撑，集成管理理论与协同理论为第 5 章与第 6 章的研究奠定关键的理论基础，层次分析法为协同度评价指标权重的确定提供了计算依据，这些都将为后续章节的研究提供理论依据与方法。

企业集成系统协同行为机理

企业集成系统本身也是一种系统，与其他系统相类似，企业集成系统协同行为的演化也必然遵循某一特定规律，有其产生、发展和形成的内在原理。本章将围绕企业集成系统的协同行为机理展开研究，内容主要包括企业集成系统构建动因与内涵、特征，企业集成系统协同行为管理动因、演化过程与阶段划分、影响因素以及协同行为特征等。

3.1 企业集成系统

3.1.1 企业集成系统内涵

在当今这个万物互联互通的信息时代，企业集成系统成为企业发展的重要组织模式，有其深刻的历史动因。

3.1.1.1 科学技术进步的客观要求

信息技术在企业中的应用使得企业间生产经营活动的大规模集成成为可能，生产要素在社会经济空间中集成的需求，客观上要求构建企业集成系统。

3.1.1.2　市场竞争的加剧

技术市场与产品市场的竞争一直是企业需要面对的生存环境。企业单凭一己之力已难以掌握竞争的主动权，需要以集成为手段，通过构建企业集成系统，整合企业内外部资源，进行优势互补，才能应对白热化的竞争环境。

3.1.1.3　创新的亟须

面对成本优势的丧失、渠道优势的瓦解，企业只有通过创新才能寻求发展。约瑟夫·熊彼特曾指出：创新是实现生产要素和生产条件的"新组合"。这种"新组合"，客观要求企业通过集成和构建企业集成系统，进而实现技术创新或产品创新。

3.1.1.4　复杂巨系统的出现

随着社会的发展，简单系统已逐渐被大系统、巨系统甚至复杂巨系统所替代。企业所面临的问题，往往是复杂巨系统的问题，单靠企业自身的力量，应用处理简单系统的方法，无法得以解决，必须构建企业集成系统，整合诸多企业的优势，通过企业集成系统的整体智慧解决复杂性的问题。

3.1.1.5　资源的短缺

当今社会，随着经济的发展，各种资源越来越显得十分匮乏。面对这一状况，企业需要突破传统的方式，运用集成的手段，通过构建企业集成系统这一新型的组织模式，以"不求所有，但求所用"为指导思想，实现资源的所有权与使用权的分离，进而解决资源短缺的矛盾。

3.1.1.6　经济发展的需要

经济发展是企业第一要务，大量的事实证明，企业需要运用现代集成思想与方法，通过构建企业集成系统，获得规模经济、范围经济、集聚经济、速度经济、知识经济。

但究竟什么是企业集成系统呢？本书认为，企业集成系统是一种通过集成手段而构建的具有某种公共属性且相互联系、相互作用的若干企业的有机集合体。企业集成系统作为集合体的静态数学表达式为：

$$A = \{ X \mid P \} \qquad\qquad (3-1)$$

其中，A 表示企业 X 的集合，即企业集成系统；X 表示企业集成系统 A 的成员企业，X 是一个向量，$X = (X_1, X_2, X_3, \cdots, X_n)$；$X_i (i = 1, 2, 3, \cdots, n, n \geqslant 2)$ 表示企业集成系统第 i 个企业；P 表示企业集成系统 A 中所有企业的公共属性。

3.1.2 企业集成系统特征

与一般系统相比，企业集成系统具有以下主要特征。

（1）要素独立。企业集成系统的构成要素是若干个企业，这些企业具有独立的法人资格，彼此具有相对独立性。这意味着，企业集成系统中的人、财、物可能归属于不同的成员企业，但可以根据某种合作协议共同使用。因此，企业集成系统内的资源呈现使用权与所有权相分离，通过资源共享，大大提高了资源的使用效率。

（2）结构隐性。自然系统具有结构，社会系统也具有结构，系统科学理论表明，层次结构是系统效率的保证。虽然企业集成系统是建立在契约基础上的企业集合体，一旦形成，同样存在着层次结构，但它完全不同于一般系统对等级层次结构可以通过明文进行规定，是隐性等级层次结构，不能用文本进行描述。例如，一个企业组织系统可以分为高层、中层和基层三个等级，并通过明文予以规定。而龙头企业或核心企业与其相关企业组成的企业集成系统，它们之间通过各自的影响力、行业地位等形成一定的隐性等级层次结构，但不能用明文对此进行规定。

（3）关系柔性。在企业集成系统中，各成员企业之间没有从属或隶属关系，是以契约为纽带的一种合作关系。它不同于贝塔朗菲所说的一般系统中各要素间的刚性关系。在一般系统中，可以采用命令和指挥的方式进行管理。而在企业集成系统中，各成员企业是根据契约所规定的责权利开展合作，更多的是相互间的协调沟通、相互配合。

（4）边界模糊。一般系统是在一定的约束条件下构建而成，其边界是相对清晰和固定的。而企业集成系统的边界是趋于模糊的、泛化的。因此，一般系统内部的各个组成元素都具有较高的稳定性，不能随意退出或进入。相比之下，企业集成系统的成员企业具有较大的灵活性与流动性，它们可以根据自身的资源优势、利益诉求来选择加入或退出某一企业集成系统，使得系统边界处于变化中，边界相对模糊。

（5）效益多赢。企业集成系统的效益是各方共赢，即多赢性。而一般系统，则是寻求整体最优。在企业集成系统中，每个成员企业有着自己的利益诉求，它们成为系统一员的动机，只是为了寻求更大的利益。因而，难以做到牺牲某个企业的利益，去换取系统整体的利益。例如，若干个企业合作生产一种产品，如果一部分企业亏损，另一部分企业盈利，则这种合作无法持续，这一企业集成系统也无法存在。

3.2 企业集成系统协同行为内涵、特征与本质

3.2.1 企业集成系统协同行为内涵

"协同"早期源于物理学领域，后引起了众多学界的广泛关注，也取得许多的研究成果，涉及管理学、经济学、社会学甚至是法学等领域，但关于其概念还在不断的完善过程中，尚未在学界中取得统一的共识。但无论是什么样的定义，协同终究是一种系统的集体行为[1]，它既存在于自然界中，也存在于人类社会中，可以说是一种普遍的现象。

综合学界中各类观点，并结合企业集成系统自身的特性，本书将企业集成系统协同行为的内涵表述为：为了实现某一共同目标，系统中两个或两个以上的行为主体以一定的结构方式，通过各方内在心理不断地接近而反映出外在活动协调有序的过程。企业集成系统协同行为主体的最小单位是人，从

---

[1] 王玉玉. 京津冀区域发展的协同度测算及评价 [D]. 天津：天津财经大学，2015.

生物学的角度分析，人脑指挥着肢体进行活动，而人的心理是人脑的机能，可以通过刺激人脑的中枢神经进行支配肢体的活动；从心理学角度分析，人的实践活动是在心理调节、支配下实现的[①]。因此，人的心理控制着外在行为。对于协同双方而言，只有心理相接近了，行为上才可能协调有序。

人的协同，首先体现在相互之间的信任和支持，人心相向；其次才涉及行动上的分工与协作。简而言之，协同就是同心协力、同频共振，同心、同频则是指认知一致、心理默契，协力、共振则指的是协作行为的有条不紊。由此，本书认为，企业集成系统协同行为的特征主要表现在两个方面：内在心理一致性和外在行为有序性。

为了更加科学化，本书将借助结构工程与力学对其两个特征原理进行阐释。内在心理一致性和外在行为有序性，实际上就是凝心聚力、协作并进的过程，如图 3 – 1 所示。

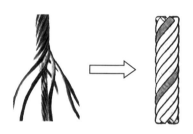

图 3 – 1　协同行为特征形成原理

工程应用中，为了使钢制绳索满足大变形、抗冲击和易成卷捆扎等需求，多股钢丝以一定的规则绞合成钢绞绳，其整体结构比单股结构更具有延展性和容忍性，极大提升了荷载能力与耐受能力[②]。钢绞线的工程力学原理体现了本书协同行为特征内涵，具体表现在：首先，由多根钢丝拧成一股绳的过程，正如系统中各行为主体达成共识的过程，即凝心聚力，最终形成内在心理一致性的状态；其次，所有钢丝均遵循同一规则进行井然有序的绞合

---

① 李会军，葛京，席酉民，等. 组织管理研究中"机制"的基本定义与研究路径 [J]. 管理学报，2017，14（7）：990 – 997.

② 张素平，许庆瑞，张军. 能力演进中核心技术与互补资产协同机理研究 [J]. 科研管理，2014，35（11）：51 – 59.

过程，正如系统中各行为主体协调有序的活动过程，即协作并进，最终形成外在行为有序性的状态。

3.2.2　企业集成系统协同行为特征

分析企业集成系统协同行为特征的主要目的在于更好地通过管理干预进行协同行为的塑造，以提高系统协同性。根据一般行为过程规律模型（Wagner et al.，1995）[①] 可以推理出，在协同状态下，企业集成系统协同行为主要包括内隐行为（内在心理）与外显行为（外在行为）两个特征。

3.2.2.1　内隐行为特征

内隐行为特征主要表现为内在心理一致性，而内在心理一致性本质上就是动机的一致性。奥斯古德（Osgood）和坦南包姆（Taunenbaum）提出了一致性理论，为了达到心理上的一致与和谐，人们便会根据信息源去调整自己对客观世界所持有的态度。因此，一致性理论的核心，就是利用信息源去影响相关行为主体的认知，进而影响心理上的一致。认知包括态度、思想、信念及行为知觉等。可见，认知一致是心理一致的关键。

对于企业集成系统协同行为而言，认知一致性主要包括协同效价认知一致性、协同手段认知一致性以及协同期望认知一致性。

（1）协同效价认知一致性。当各成员企业对协同效价认知趋于一致时，意味着对协同行为重要性的评估结果处于同一水平，心理上感到舒适与平衡，进而引起各方的共同重视。因此，企业集成系统协同行为的实现，首先要解决各成员企业的思想认识问题，需要各方解放思想、转变观念，能够对协同行为的重要性产生清晰、统一的认识，并引起思想上的重视。

（2）协同手段认知一致性。协同手段认知一致性是指各成员企业对将要采取的协同路径或方式方法有清晰、统一的认知，有效地避免因手段认知不一致而产生各方心理上的冲突与矛盾。因此，各成员企业需要通过不断地学

① Wagner Ⅲ, John R. Hollenbeck. Management of Organizational Behavior［M］. London：Prentice-Hall International，1995.

习与实践来提高对协同手段的认知，进而达成一致水平。

（3）协同期望认知一致性。协同期望认知一致性是指各成员企业在事件成功概率、协作成功概率以及协作方式成功概率的评估上达成一致，使得各方对实现目标充满信心。因此，各成员企业在付诸协同努力之前，可以通过类似于 SWOT 分析的各种方法进行协作可行性评估，进而提高各方对协同行为的信心。

实际上，以上三种认知构成了一个人行为的动机性因素，对协同行为的作用主要表现在三个方面：一是激发功能，它能够有效激发各成员企业产生协同行为；二是导向功能，它能够使各成员企业的协同行为指向同一个目标；三是维护功能，它能够使各成员企业的协同行为持续地进行一段时间，并通过调节并保持其方向不偏离既定轨道。

3.2.2.2 外显行为特征

企业集成系统在协同状态下，外显行为特征主要表现为外在行为的有序性，即步调一致或无缝衔接。

（1）步调一致。一般而言，它是指动作行为的方式、步幅以及步速的一致性。对于企业集成系统而言，步调一致则指各成员企业在合作过程中同向同行、协调一致的状态。这具体表现在各成员企业沟通用语统一、协作方式方法一致、工作节奏和进度一致等，有效地避免了相互之间的冲突与分歧。

（2）无缝衔接。对于企业集成系统而言，无缝衔接指各成员企业在合作过程中承担不同任务和处于不同位置的各成员企业之间配合默契，使集成系统环环相扣，不断线、不掉链，并在实施战术步骤时表现出高度的和谐性。这有效地提高了整体工作效率，有利于节约成本和降低费用，进而实现技术创新或价值创造。

步调一致或无缝衔接对协同行为的作用主要表现在：一是规范功能，它能够使各成员企业按照统一的规则开展协同行为，达成协调一致的状态；二是序化功能，它能够使得各成员企业按照紧前紧后工序的方式开展协同行为，达成配合默契的状态。

3.2.3　企业集成系统协同行为本质

众所周知，人是构成社会系统的基本要素，也是社会活动的基本单位，同时也制约和影响着一切社会活动。马克思主义的观点则认为，社会是人们通过交往形成的社会关系的总和，而社会关系包括个体之间的关系、个体与集体的关系、个体与国家的关系，还包括群体与群体之间的关系、群体与国家之间的关系①。简而言之，社会关系的三种基本表现形式就是人与人（P－P）的关系、人与组织（P－O）的关系、组织与组织（O－O）的关系。组织可大可小，小到一个机构，大到一个国家。实际上，这三者的关系和谐了，整个社会的关系也就自然和谐了。

当然，影响企业集成系统协同行为的变量非常多，而系统中的人的行为是无法预测的，人所具有的能动性和主观性，又使得人可以自动屏蔽很多外在影响因素从而按照自己的意愿行动。因此，很多时候在协同管理中出现问题的主要原因往往是对人的关注度不够。

鉴于以上分析，本书认为，对于一个企业来说，人是第一生产力。同时，人既是构成企业集成系统的最基本要素，也是其协同行为活动的最基本单位，掌控着系统方方面面的资源，决定和制约着各类协同行为活动。因此，本书认为，企业集成系统最基本的协同关系有三种：人与人（P－P）的协同关系、人与组织（P－O）的协同关系、组织与组织（O－O）的协同关系。也就是说，只要理顺这三者的协同关系，整个企业集成系统的协同关系也就形成了。

然而，对于一个企业集成系统而言，虽然其协同涉及的内容繁多，包括资源协同、信息协同、目标协同、战略协同、文化协同、组织协同、协同创新、管理协同、财务协同、技术协同等，但其最为本质的就是人与人（P－P）协同、人与组织（P－O）协同以及组织与组织（O－O）协同，它们制约和决定着整体企业集成系统协同行为的方方面面。显然，当这三个方面均实现协同了，整体企业集成系统自然也实现了协同。

---

① 李淑梅. 关于人的发展和社会结构转型关系的哲学思考 [J]. 南开学报, 1997 (5): 1－8.

无论是企业集成系统的核心企业，还是其他相关实体，它们都是由人和组织构成的，当这些人和组织单元处在同一个系统空间时，在共同目标的指引下，作用于外部环境（政治因素、经济因素、技术因素和社会因素），不断地凝心聚力，产生集成力，它贯穿整个协同行为过程，推动着协同旋进，逐步形成 P－P、P－O 以及 O－O 的协同，最终实现企业集成系统整体协同。因此，本书认为，企业集成系统的整体协同取决于 P－P、P－O 以及 O－O 的协同，它们具体表现如下：

3.2.3.1 人与人（P－P）的协同

人与人的协同指的是为了满足共同需求或达成共同目标，人与人之间以一种非线性关系和一定的结构方式相互作用、协调配合，达到内在心理一致性与外在行为有序性的一种合作状态。例如，一个项目组为了完成某一项特定的任务，临时把一群具有不同技能、不同背景的人才集合在一起，他们所表现出来的配合默契就是人与人之间的协同。

3.2.3.2 人与组织（P－O）的协同

人与组织的协同指的是为了达成组织目标和满足个人需求，人与组织之间以一种非线性关系和一定的结构方式相互作用、协调配合，达到内在心理一致性与外在行为有序性的一种合作状态。例如，一个企业与其员工之间的协作关系就是人与组织的协同，即企业和其员工的共同目标是生产出合格的产品或提供优质的服务，进而创造出经济效益。企业负责为员工提供生产所需的各种设施设备、工作环境以及报酬等，员工则在特定的环境中运用各种设施设备生产产品或提供服务，最终既达成了企业目标，也实现了个人目标。这就是一个 P－O 协同的例子。

3.2.3.3 组织与组织（O－O）的协同

组织与组织的协同指的是组织自身与其他相关组织（利益相关者）之间的协同，是为通过实现共同目标进而满足各自需求，以一种相对柔性的关系和泛边界的形式相互作用、协调配合，达到内在心理一致性与外在行为有序性的一种合作状态。以小米手机为例，它整合上下游供应链企业为它供应原材料与生产手机，小米则负责设计与品牌运营，各供应商与其之间的协作关系就是一种组织与组织的协同。

综上所述，企业集成系统协同行为本质在于人与人（P‑P）协同、人与组织（P‑O）协同以及组织与组织（O‑O）协同，它们是企业集成系统协同行为管理的关键。做好这三个方面的协同管理，能够对其他领域的协同管理起到事半功倍的作用。

3.3　企业集成系统协同行为管理动因

企业集成系统协同行为管理动因在于减少企业集成系统内部企业间的能量耗损，进而实现整合增效。亚当·斯密（1776）在其劳动分工理论中指出，分工的不断深化、细化可以提高劳动生产率。然而，企业集成系统实质上是建立在专业化分工基础上的若干企业的集合体。可见，企业集成系统中的成员企业生产效率显然比分工前高，这是因为它们比分工前更加专注于自己擅长的领域。

假设有 n 个企业，它们构成的企业集成系统及其效率如图 3‑2 所示。

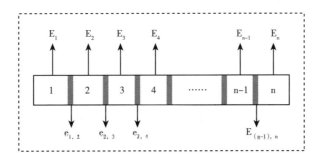

图 3 ‑ 2　企业集成系统效率分析

由于企业集成系统的成员企业均具有某种资源优势，因此在理论上企业集成系统的总效率为：

$$E_T = \sum_{i=1}^{n} E_i \quad (i = 1, 2, \cdots, n) \tag{3-2}$$

其中，E_T表示企业集成系统总效率；E_i表示企业集成系统第 i 个成员企业的效率。

但是，各个成员企业本身都是一个独立法人，有着各自的企业边界。一旦进行整合时，它们之间必然存在管理界面。企业集成系统管理界面是系统中各成员企业之间信息、物资、资金等要素交流、联系方面的交互状态[①]。它们既是各成员企业矛盾与冲突的节点，也是系统效率与效益损耗的节点。界面矛盾产生的原因是多方面的，有信息不对称、目标不一致、文化差异、能力不匹配、配合度低等。企业集成系统总的界面损耗效率为：

$$e_T = \sum_{i=1}^{n} e_{i \cdot (i+1)} \quad (i = 1, 2, \cdots, n) \tag{3-3}$$

其中，e_T表示企业集成界面总损耗效率；$e_{i \cdot (i+1)}$表示企业集成系统第 i 个成员企业与第（i+1）个成员企业的界面损耗效率。

由上可得，企业集成系统的实际净效率为：

$$E_{NT} = E_T - e_T \tag{3-4}$$

其中，E_{NT}表示企业集成系统总的净效率。

通过对式（3-4）分析可知，若要提高企业集成系统净效率，就得通过提高企业间行为的协同性来降低界面间的效率损耗。对于一个企业集成系统而言，各成员企业协同行为的产生，能够促进各方心理一致性和行动有序性的形成，有利于消除内耗行为，最大程度地减少界面矛盾或摩擦所引起的各种损耗，进而提高绩效，最终达到整合增效的目的。因此，降低成员企业间界面损耗是企业集成系统形成协同行为的动力之所在。

3.4 企业集成系统协同行为演化过程

3.4.1 协同行为过程规律模型

在瓦格纳等（Wagner et al.，1995）所著的《组织行为管理》一书中，

---

① 吴秋明. 集成管理论［M］. 北京：经济科学出版社，2004.

一般行为过程规律模型受到广泛认可。协同行为是一种具体行为，服从一般行为过程规律。据此，本书提出企业集成系统协同行为过程规律模型如图 3-3 所示。

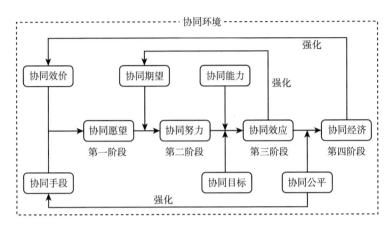

图 3-3　企业集成系统协同行为过程规律模型

3.4.2　协同行为阶段

根据图 3-3 的模型，企业集成系统协同行为过程主要包括协同愿望、协同努力、协同效应以及协同经济四个阶段，它们构成一个协同行为周期，即协同行为全过程，具有一定的顺序逻辑，如图 3-4 所示。

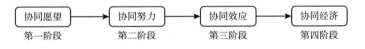

图 3-4　企业集成系统协同行为阶段

3.4.2.1　协同愿望阶段

企业集成系统协同的第一个阶段是协同愿望阶段。协同愿望是成员企业对某一个协同行为的欲望或强烈的倾向性，是协同行为发生的基础。欲望或倾向性是在某个时间段内产生的思维活动，是某种意识的表现。根据马斯洛需求层次理论，欲望的产生来自两个方面：一是内因，源于自身内部的某种需求，属于原发性；二是外因，源于外部环境中某种客观事物的刺激，属于激发性。

欲望是人类产生改造客观世界行为的驱动力。欲望动力心理学认为，欲望产生需求，需求产生动机，动机产生行为。而人的行为定律分别从低级行为、初级行为、中级行为以及高级行为四个层面阐述了行为与欲望的关系，即行为 =（欲望 + X）× 环境系数，其中，X 表示本能、目标、方法、理性、信仰等。显然，这些都无不说明了同一个问题：欲望影响着人类行为的形成。因此，对于企业集成系统而言，各成员企业处在协同愿望阶段都达到了"上下同欲"的状态。换言之，各成员企业因为欲望产生了协作需求，再由协作需求产生了对某一个协同行为的动机，最终通过评估并付诸行动。可见，协同愿望促进了协同行为的形成和产生。

3.4.2.2 协同努力阶段

协同努力是企业集成系统中各成员企业对协同事项的付出，尽心尽力地去做某一件事情，是一种态度积极的表现。目标的实现需要各成员企业协同努力地行动付出。

有付出就有资源投入，这些资源的投入是因协同事项的不同而不同。资源投入主要包括有形资源投入与无形资源投入。从企业经营管理角度来看，有形资源可以分为财务资源与实物资源。财务资源是以货币形式计量，如资金、股票、债券等。实物资源则是以某种物质形态的方式体现，如生产设备、厂房、原材料、软件系统等固定资产。相对有形资源而言，无形资源主要包括品牌、专利、技术与知识、声誉、企业文化等。

不同的资源对于协同事项起着不同的作用。因此，各成员企业需要根据自身的能力与分工，有效地投入相应的资源，以发挥出最大的协同努力。

3.4.2.3 协同效应阶段

企业集成系统协同效应阶段是指各成员企业协同绩效取得阶段。在企业集成系统协同过程中，协同效应是指各成员企业能够根据各自的能力开展分工协作，在心理上和行为上均达成较高的匹配度。在协同能力与协同目标的共同作用下，企业集成系统所产生的整体价值将会大于单独行动所产生的价值之和，即实现协同效应，达到 1 + 1 > 2 的效果。

协同效应可以分为心理效应、互补效应、整合效应和学习效应等[①]。心理效应表现为各成员企业在合作过程中对协作对象、协作方式等方方面面产生了正面、积极的认知、印象、态度以及情感。互补效应表现为成员企业间资源优势互补与共享。整合效应表现为成员企业间的行动一致性。学习效应表现为各成员企业通过在协作过程中的相互学习和经验的积累而实现了技术创新或价值创造。

协同效应的实现增加了各成员企业对协同行为成功的信心，获得了成功的合作经历，使各方进一步认识到通过协同行为实现目标的概率很大，进而强化了协同期望，有助于新一轮协同行为的产生。

3.4.2.4　协同经济阶段

协同经济是企业集成系统协同行为过程的最后一个阶段。一般而言，协同经济是通过协同行为而实现的价值创造。但是，从图 3 - 4 中可以看出，在企业集成系统协同行为过程中，协同经济是协同效应和协同公平共同作用的结果，它类似于帕累托最优，是公平与效率的"理想王国"。

因此，对于企业集成系统而言，协同经济是指各成员企业通过协同行为取得了协同效应，并进行公平合理的分配，满足了各自需求，进而达到满意的状态。"满意"主要表现在三个方面：一是结果满意，即各成员企业对协同绩效的分配感到满意，是一种分配均衡的感知；二是过程满意，即各成员企业对协同行为过程中的协作程序与规则感到满意；三是关系满意，即各成员企业对相互之间平等互利的协作关系感到满意。

可见，协同经济的产生，既满足了各方的需求，又通过公平感知获得满意，以此增强了各方对协同行为重要程度的认知，进而强化了协同效价。

3.4.3　协同行为影响因素

根据图 3 - 3 的模型，企业集成系统协同行为在各个阶段都受到相关因

---

① 陈劲，阳银娟. 协同创新的理论基础与内涵［J］. 科学学研究，2012（2）：161 - 164.

素的影响，主要包括协同效价、协同手段、协同期望、协同能力、协同目标、协同公平以及协同环境等。

3.4.3.1 协同愿望阶段影响因素

如图3－5所示，协同愿望阶段主要受到协同效价与协同手段两个因素的影响。

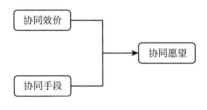

图3－5 协同愿望阶段影响因素

（1）协同效价。效价是指对某事重要性的主观评价。对某种行为意义或价值大小的评估，是行为主体对某事的重视程度[①]。在企业集成系统中，协同效价指的是协同过程及协同结果对于满足各成员企业需求的价值的大小，即各成员企业对开展协同行为重视程度的大小，它是各成员企业对协同价值的一种主观评价。

借鉴需求理论并结合图3－3的模型，可以推理出协同效价取决于两个方面：协同事项重要性与合作行为重要性的认知，具体如图3－6所示。

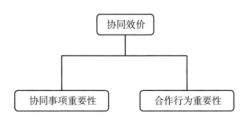

图3－6 协同效价影响因素

① Fishbein, Ajzen. Belief, Attitude, Intention, and Behavior: An Introduction to Theory and Research [J]. Mass: Addison-Wesley Pub, 1975 (31): 123－131.

①协同事项重要性认知。根据马斯洛（Maslow）需求层次理论、克雷顿·奥尔德弗（Clayton Alderfer）ERG 理论与戴维·麦克利兰（David McClelland）成就需要理论，效价是由行为主体的需求决定的，需求强度越高，则效价越大。因此，当某个协同事项的完成可以满足各成员企业的需求时，则形成了对协同事项重要性的认知，进而促进协同效价的产生。然而，需求是存在高低层次的，对于不同行为主体而言，各成员企业对协同事项重要性的认知可能不同，它会根据满足需求的重要程度进行排序，大致可以分为三种情形：一是当协同事项的完成可以满足各方的某种需求时，则认为该协同事项是重要的；二是当协同事项的完成不能满足各方的某种需求时，则认为该协同事项是不重要的；三是当协同事项可以满足一部分成员的需求时，则协同事项重要性的认知会出现不一致的现象，此时就需要通过协同行为管理，进行沟通协调，使之成为一致。

由上分析可知，协同事项重要性的认知是协同效价产生的关键。

②合作行为重要性认知。同样地，当各成员企业认为仅通过自身的努力或力量或资源无法实现目标或完成既定事项，或认为实现目标或完成既定事项的成本过高时，就会萌生借助他人力量或与他人协作的想法。从组织行为学角度来看，由于受到主客观因素的影响，各成员企业对合作行为会产生不同的看法，主要有三种情况：一是当合作行为有助于完成各成员企业的目标或既定事项时，则各方会认为合作行为是重要的或是有价值的，并且进入下一步的评估，进而采取相应的行动；二是当各方均认为合作行为不重要或没有价值时，则拒绝合作；三是当各方对合作行为重要性认知不完全一致时，即出现"部分成员认为重要，部分成员认为不重要"的情况，此时同样需要通过协同行为管理进行沟通协调，使之一致。

通过以上分析可以看出，当上述两种认知出现不一致情况时，均需要通过协同行为管理使之一致。这有利于促进各成员企业内在心理的一致性，进而提高企业集成系统协同性。

基于以上分析，本书提出假说。

H3-1：协同效价与企业集成系统协同度正相关。

（2）协同手段。在企业集成系统中，协同手段是实现目标的路径或方式方法，是促使各成员企业协同愿望形成的关键因素之一。协同手段的认知水平在一定程度上影响着各成员企业对协同手段的选择。然而，认知是通过学习与实践活动形成的。认知学习理论认为，行为主体的认知学习取决于其原有的认知结构与知识沉淀。

鉴于认知水平的不同，各成员企业对协同手段的选择会出现三种情形：一是完全一致时，则达成共识；二是完全不一致时，则拒绝协同；三是不完全一致时，则需要通过协同行为管理，使认知不一致的成员企业进行充分的沟通与学习，最终形成统一、清晰的认知。显然，当各成员企业对协同手段的认知达成一致性时，则促进了各成员企业内在心理一致性的形成，进而提高企业集成系统的协同性。

与此同时，当各成员企业对协同行为过程及其结果感到公平时，也就是意味着各方对所选择的协同手段是满意的，因此，对协同的公平感知会强化协同手段，使得下一轮合作时还会选择同一协同手段。

基于以上分析，本书提出假说。

H3-2：协同手段与企业集成系统协同度正相关。

3.4.3.2 协同努力阶段影响因素

如图3-7所示，在具备协同愿望的基础上，协同努力阶段主要受到协同期望的影响。

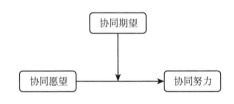

图3-7 协同努力阶段影响因素

从图3-7中可以看出，在协同愿望阶段的基础上能否付诸行动取决于协同期望的大小。维克托·弗鲁姆（Victor Vroom）的期望理论公式为：

$$M = V \times E \qquad\qquad (3-5)$$

其中，M表示激励力，激发行为主体的积极性；V表示目标效价，满足行为主体需求的价值；E 表示期望值，实现目标的概率。

根据式（3-5）可知，对于企业集成系统而言，协同期望是指成员企业认为通过某种程度的协同努力实现某种水平的协同效应，可满足个体目标或需求的可能性大小。因此，协同期望主要取决于各成员企业对相关事项的成功概率评估结果，具体如图 3-8 所示。

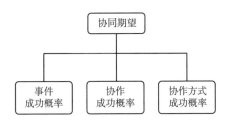

图 3-8　协同期望影响因素

概率评估是指通过协同行为实现目标的概率大小评估，这是激发协同期望产生的前提。借鉴自我效能理论，这种概率评估主要从三个方面进行：一是事件成功概率。对于各成员企业来说，既定事件完成的难度大小，即成功概率大小会决定他们付诸行动的动机水平。二是协作成功概率。各成员企业会对协作本身成功概率进行评估，当概率处在较高水平时，则会选择协作；反之，则拒绝。三是协作方式成功概率评估。协作方式有效性评估也就是各成员企业对将要采用的某种具体协作方式是否能顺利完成协同而进行的评估。当各成员企业认为通过某种协同手段完成既定事件的成功概率处在较高水平时，则会做出选择；反之，则放弃。

由上分析可知，在协同愿望形成的基础上，各成员企业的协同期望处于较高水平时，则会付出协同努力。可见，高水平的协同期望有利于各成员企业彼此之间内在心理一致性的形成，进而推动企业集成系统的协同行为的产生，提高系统协同性。

基于以上分析，本书提出假说。

H3-3：协同期望与企业集成系统协同度正相关。

3.4.3.3　协同效应阶段影响因素

如图 3-9 所示，协同效应阶段在付出协同努力的基础上主要受到协同能力和协同目标的影响。

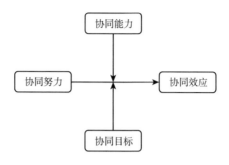

图 3 - 9　协同效应阶段影响因素

（1）协同能力。从心理学角度，协同能力是顺利完成某个协同事项或协同目标所需的个性心理特征的总和，会直接影响协同活动的效果，进而影响协同效应。根据能力结构理论，在企业集成系统协同行为过程中所涉及的协同能力可以分为一般能力和特殊能力，具体如图 3 - 10 所示。

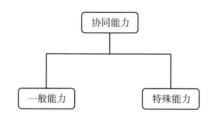

图 3 - 10　协同能力结构

根据图 3 - 10，具体内容如下。

①一般能力。它是进行各类协同活动所需的基础性能力，也称同质能力，主要包括语言能力、推理能力、数学能力、抽象能力等，这些能力主要影响各成员企业在协同过程中的协调沟通、认知等方面的问题，为协同活动的顺利开展提供基础保障。

②特殊能力。它又称专门能力或异质能力，主要包括社会资源能力、界面管理能力、技术能力、经营能力等，这些能力主要影响协同活动中专门事项的完成效率、效果等问题。

在协同行为过程中，各成员企业的相关协同能力不是简单相加，而是以一种非线性的方式进行相互作用而形成的强化效应和互补效应。强化效应是指各方在协同行为过程中，通过同质能力的叠加，使协同能力达到增强的效果。互补效应是指各方在协同行为过程中能力上的相互补充与搭配。因此，企业集成系统的协同能力就是通过某种方式把各个成员企业的能力组成具有实现协同效应功能的整体合力，推动协同效应的实现，进而达成目标。

综上所述，各成员企业的协同能力越强，实现目标的可能性越大，彼此间的合作意愿越强烈，彼此的配合度越高，行为越有序，进而表现出来的协同水平越高。

基于以上分析，本书提出假说。

H3-4：协同能力与企业集成系统协同度正相关。

（2）协同目标。协同目标是指通过协同行为达到的预期结果，具有一定的方向性与激励性，是付出努力动机的一个主要来源，是协同效应取得的一个重要影响因素。

协同目标主要受到两个方面的影响：一是目标清晰具体；二是目标认知一致。具体如图3-11所示。

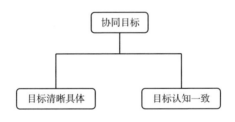

图3-11　协同目标影响因素

根据图3-11，具体分析如下。

①目标清晰具体。赫尔曼（Hermann，1991）提出，设定明确的群体目标是有效发挥群体效能的第一要务。实际上，在合作过程中，主要的矛盾冲突都源于对目标认识的不足。因为目标不具体、不清晰，就可能引起各成员企业在理解上的不一致，进而在具体的协作过程中容易产生冲突与矛盾。根据洛克的目标设置理论，当设定了清晰、具体、可行、具有一定挑战性的目标时，并且目标一旦被各成员企业所接受，在企业集成系统中就会产生一种内在推动力，促使他们按照实现目标的路径付出努力。与此同时，各成员企

业对目标有了具体与清晰的认知，有助于对协作角色的感知，进而促进相互之间的分工协作。

②目标认知一致。显然，协同目标具有方向性，发挥着序参量的作用，它使得无序凌乱的个体行为变成有序、规整的集体行为。社会互赖理论认为，积极互赖的共同目标使得个人利益融入群体利益，满足了自身的内在需要，进而产生了合作的互动行为，即协同行为[①]。换句话说，协同行为是否能顺利达成，是否能取得满意的效果，在很大程度上取决于对目标的认知是否具有一致性。布林克霍夫认为，一个理想化的协作关系的基础是各方之间具有一致的目标认知，他们之间的这种协作关系是一种动态的关系。恩斯利（Ensley，2002）等通过对比实验的数据得出，拥有认知一致的共同目标能够提升组织成员的团队协作效果，减少矛盾，使成员之间更能够协同一致。显然，这存在三种情形：一是目标认知完全一致时，各方同心协力，有利于目标的实现；二是目标认知完全不一致时，各方则选择退出协同；三是目标认知不完全一致时，则可以通过协同行为管理，使认知不一致的成员企业做出调整，最终达成同向同行。

由上分析可知，在协同目标与协同能力共同作用下产生了协同效应，使得各成员企业达到了外在行为的有序性和内在心理的一致性，实现了相互之间的高水平协同性。

基于以上分析，本书提出假说。

H3 - 5：协同目标与企业集成系统协同度正相关。

3.4.3.4 协同经济阶段影响因素

如图 3 - 12 所示，在取得协同效应的基础上，协同经济阶段主要受到协同公平的影响。

虽然各成员企业取得了协同效应，但并不意味着企业集成系统协同行为过程结束了。由图 3 - 12，可知只有当系统内各成员企业对所取得的协同效应感到满意，满足了需求，实现了协同经济，才算真正意义上经历完一个协

---

① 孙金秀，孙敬水. 现代流通业与先进制造业协同机理研究 [J]. 北京工商大学学报（社会科学版），2015，30（3）：29 - 38.

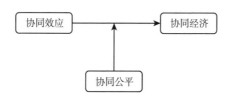

图 3 - 12　协同经济阶段影响因素

同行为周期。但是，在此过程中，满意与否取决于各方的公平感知水平。

美国心理学家亚当斯所提出的公平理论主要是通过个人的产出与投入比值去对照他人，进而得出公平性的感知。但是，根据契约法理论、社会交换理论以及公平理论，协同公平主要是指各成员企业在合作的状态中，对协同结果、协同过程以及协同关系的合理性与平等性的感知[①]，如图 3 - 13 所示。从图 3 - 13 中可以看出，协同公平是多维度的，包括结果公平、过程公平与关系公平。对于企业集成系统而言：一是结果公平，它是指各成员企业通过协同所获得的收益数量与他人相比所产生的公平性的感知，表现出一种协同行为绩效分配的均衡状态；二是过程公平，是指各成员企业在协作过程中能够充分地理解协作规则和政策并获得相互之间的重视与认可，达到内心满意的状态；三是关系公平，是指各成员企业在协作过程中互惠互利、关系融洽、友好互信、配合默契，主要表现为一种平等互利的合作关系。

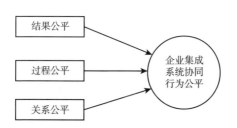

图 3 - 13　协同公平结构模型

可见，在企业集成系统协同过程中，当各成员企业对协同的结果、过程、关系感到公平时，则获得满意，便实现了协同经济。此外，该轮协同行

---

①　牟临杉. 心理契约的维系纽带——公平 [J]. 华东经济管理，2006，20 (12)：104 - 106.

为公平的感知具有强化协同手段的作用，使得第二个协同行为周期呈螺旋式发展。

综上所述，在协同行为管理中，须特别注意协同公平因素的管理，要通过实行制度化管理、创造机会均等的和谐环境、端正管理作风等措施营造一个公正公平的氛围，促进各方外在行为的有序性，进而提高企业集成系统的协同性。

基于以上分析，本书提出假说。

H3 – 6：协同公平性与企业集成系统协同度正相关。

3.4.3.5 协同环境

无论哪种系统，它总是存在于一定的环境之中，并受到影响和支配，同时反过来作用于环境，并在其中实现自己的功能和价值。很显然，协同环境影响着企业集成系统的整个协同行为过程。

所谓环境就是人类生存的空间及其中可以直接或间接影响人类生活和发展的各种因素的总和①。对于企业集成系统而言，协同环境是企业集成系统存在的空间以及可以影响各成员企业协同行为发生与维持的各种因素的集合。

据此，本节将采用 PEST 模型进行协同环境的分析，其包括四大因素：政治因素（politics）、经济因素（economy）、社会因素（society）、技术因素（technology），如图 3 – 14 所示。

（1）政治因素。对于企业集成系统协同而言，政治因素是指对各成员企业的协同行为有直接或间接影响且由政治力量引起的有关政策、法律与法规等，主要包括政府管制与禁令、产业政策、财政货币政策等。政治因素会通过制定相关政策、法规等影响企业间的合作、各种资源要素（人才资源、技术资源等）的流动，对各成员企业的协同行为具有激励性与约束力，决定着"可不可以合作"的问题。这主要体现在两个方面：一是关于鼓励与支持合作。政府会通过出台相关优惠政策，鼓励与支持各行各业开放、合作、共

---

① 骆品亮，等. 技术与环境之协同新论［J］. 系统工程理论方法应用，1996（4）：11 – 14 + 43.

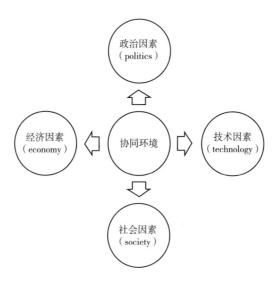

图 3 - 14　协同环境分析

赢，进而产生更大、更强的感召力、吸附力、驱动力，使得相互之间相向移动，最终形成协同发展的格局，有利社会经济的发展。比如，中国政府通过"一带一路"倡议，支持和鼓励与各共建国家开展经济合作等，共同打造利益共同体、命运共同体。二是关于限制与约束合作。政府会出于某种因素的考虑，会限制或禁止开展合作。比如，美国政府为了自身的利益，出台一系列的政府法案限制或禁止某些领域的合作，中兴事件、华为事件等足以说明这点。

（2）经济因素。对于企业集成系统协同而言，经济因素主要是指直接或间接影响各成员企业协同行为的有关于经济方面的因素，主要包括产业布局、资源禀赋情况、经济发展水平、市场竞争程度以及市场需求等。这些经济因素，决定着"能不能合作"的问题，主要体现在两个方面：

一是关于协同资源的数量与质量。很显然，当经济环境良好时，社会物质丰富、繁荣兴盛，有利于各成员企业获得大量优质的资源，主要包括财务资源、物质资源、人力资源等，为开展协同行为提供了必要条件；反之，合作失败的可能性较大。

二是关于市场交易活跃度。经济环境的好坏会直接或间接影响社会购买力水平。经济环境越好，社会购买力就越大，市场交易活跃度就越高，意味着市场规模越大，更加凸显开展合作的重要性，进而激发了各方协同行为的产生；反之，获利可能性较小，则没有合作的必要性。

（3）社会因素。对于企业集成系统协同而言，社会因素主要是指直接或间接影响各成员企业协作观念的社会文化相关因素，主要包括文化传统、价值观、社会责任感、风俗习惯以及偏好等。这些都会在不同程度地影响成员企业间合作的意识、态度以及行为，决定着"会不会合作"的问题。

企业集成系统是由若干个企业组成的一个社会系统，在系统从初创到维生的各个阶段中，"人"起着核心的主导作用。据此，社会和文化因素则通过影响人们的协作欲望和行为，进而影响企业集成系统协同行为的形成和维持。

本书认为，具有社会主义和谐社会特征的社会环境对企业集成系统协同行为起着很强的正向作用，即民主法治、公平正义、诚信友爱、充满活力、安定有序、人与自然和谐相处。这些特征包括了社会因素的方方面面，体现了民主与法治的统一、公平与效率的统一、活力与秩序的统一、科学与人文的统一、人与自然的统一。很显然，这无不在促进着社会方方面面和谐的形成，正面地影响着人们的意识与行为，也在很大程度上影响各成员企业对协作的认识，有利于企业集成系统协同行为的形成和维持。

（4）技术因素。对于企业集成系统协同而言，技术因素不是产品技术、生产技术等，而是影响协作过程中沟通顺畅程度、信息共享水平等方面的相关技术，主要包括通信技术水平、远程协作技术水平、互联网发展水平等，它们决定着"好不好合作"的问题。

显然，在协作过程中，信息滞后、网络延迟等都会不同程度地阻碍协同活动的开展。可见，工欲善其事必先利其器，远程协作、数字化办公、网络通信软件等都是各成员企业协作与沟通的工具，可有效地突破时间与空间的限制，消除信息孤岛，实现信息共享，让分布在全国各地，甚至全球的各个成员企业可以不集中在同一个地方、不需要同一时间，仅仅依靠网络就能进行协作。因此，协同技术的发展促使企业集成系统中各成员企业间更加深入地合作。

综上所述，一个政治稳定清明、法制健全完善、经济活跃有序、文化包容大气、技术先进发达的环境有利于企业集成系统整体协同性的提高。

基于以上分析，本书提出假说。

H3 - 7：协同环境与企业集成系统协同度正相关。

3.5 本章小结

首先，本章阐析了企业集成系统的构建动因与内涵、特征；其次，阐析了企业集成系统协同行为内涵，并从内隐行为与外显行为两个方面分析了企业集成系统协同行为特征，并揭示了企业集成系统协同行为的本质；再次，解析了企业集成系统协同行为管理的动因；最后，根据一般行为过程规律模型，提出了企业集成系统的协同行为过程规律模型，并将其协同行为过程划分为四个阶段，并进行了相应的分析。与此同时，根据企业集成系统的协同行为过程规律，本章分析了七个方面的影响因素。

| 第4章 |

企业集成系统协同行为机制

基于第 3 章中关于企业集成系统协同行为机理及影响因素的分析，本章将运用机制设计理论，探索影响企业集成系统协同行为的机制，具体包括愿望形成机制、预期共识机制、目标协同机制、能力匹配机制、协同公平机制、强化协同机制及环境协同机制。协同行为机制是协同行为管理的切入点或抓手，是引发协同行为、维护协同行为以及强化协同行为的动力所在。

4.1　企业集成系统协同行为机制内涵

"机制"一词最早源于机械工程学，指的是机器的内部构造与运转原理。伴随着系统科学的不断发展，它被广泛应用于社会科学之中，视其为一种运作原理或控制方式。

管理学对"机制"所赋予的内涵也比较丰富，存在着许多不同的观点。但是，在本书的研究中，我们认为企业集成系统协同行为机制是指企业集成系统在协同行为过程中各种内部影响因素之间的制约关系、耦合关系及内在作用原理。其中，制约关系是指企业集成系统在协同行为过程中，各要素相互之间直接或间接的限制与约束。耦合关系则是各要素相互影响、相互作用的关系。内在作用原理是指在某一特定的环境下，一个要素如何作用于另一个要素，使得企业集成系统表现出一种行为的协同性。

4.2 企业集成系统协同行为机制特征

企业集成系统协同行为机制能够影响各成员企业的协同行为，有效地促进其内在心理的一致性和外在行为的有序性，进而提高协同度，实现协同目标，满足各方需求。根据机制设计理论，企业集成系统协同行为机制的特征如下。

4.2.1 复杂性

复杂性是系统整体与局部之间的一种非线性关系，使得人们无法通过局部来研究或认识整体。从现代系统科学的角度看，这种企业集成系统的变化有两个方面的特征：一是系统内部各成员企业的多样性和异质性；二是系统内部协同与竞争并存使得它们之间相互作用的非线性程度增加。基于以上观点，企业集成系统协同机制是一个有着相应结构与运行机理的复杂系统，具有一定的复杂性特征。

4.2.2 互赖性

互赖性强调要素之间相互依存性。企业集成系统协同行为机制是在其协同行为机理的基础上形成的，每个要素之间都有着密切的相关性，而且它们都是以一定的顺序沿着其协同行为过程的轨道运行。它们之间是以上下工序的形式存在，是一种相互依存、相互作用、相互激发的关系，具有一定的互赖性。

4.2.3 集成性

企业集成系统是由若干个具有共同属性的企业组成的一个相互依赖、相互作用的有机整体。因此,这样的系统在协同过程中会同时存在多种不同功能的机制,且每个机制都可以独立存在,也会以地位平等的方式结合在一起,但是它们之间不是一种简单的堆砌,而是通过集成的手段把这些机制以一定的顺序排列在协同行为的轨道上,以整体的行为方式运行着,使其在发挥局部功能的同时也可以发挥整体功能。因此,企业集成系统协同行为机制存在集成性的特点。

4.2.4 动态性

由于企业集成系统本身处在不断演化与发展的过程中,这导致它在协同过程中的结构与状态也不断发生变化。根据协同论,处在协同状态的系统是远离平衡态的,当系统从不协同走向协同时,也就是所谓的协同过程。它是从平衡到不平衡,再从不平衡到平衡,一直反复这样的动态过程①。因此,作为系统的机制,它也要跟随系统的变化而变化,而不是一成不变的僵化状态。鉴于此,企业集成系统协同行为机制具有一定的动态性。

4.2.5 自发性

自组织理论认为,系统协同是在没有外界力量的驱动下演化发展的。因此,具有自组织特性的企业集成系统能够因环境变化进行自我调节,主动地应对事件的变化。然而,企业集成系统的自组织性是在高水平协同阶段表现出来的一种特征,是协同行为的高级表现形式。企业集成系统协同行为机制是通过各成员企业的内在心理一致性和外在行为有序性所表现出来的内在机能、特定规律和控制方式,都是自行发生在系统的内部,而不是通过外界的力量进行驱动或干预。它是把协同期望转化为协同努力、协同动因转化成协同结果的中介,对各成员企业的运行具有自动调节功能,规范各成员企业,使其以有序的整体行为在特定的轨道上运行。因此,企业集成系统协同行为

① 哈肯.协同学 [M].西安:西北大学出版社,1981.

机制具有一定的自发性。

4.3　企业集成系统协同行为七大机制

基于企业集成系统协同行为机理，本书提出七大机制：愿望形成机制、预期共识机制、能力匹配机制、目标协同机制、协同公平机制、强化协同机制和环境协同机制，如图 4-1 所示。

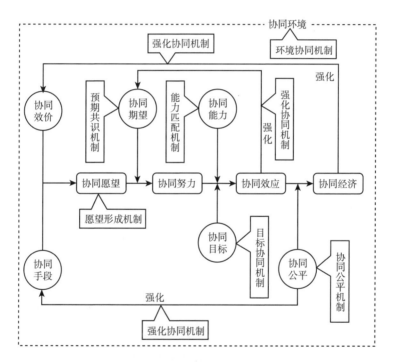

图 4-1　企业集成系统协同行为机制模型

根据机制设计理论，企业集成系统协同行为机制由激励机制、运行机制与约束机制构成，如图 4-2 所示。激励机制的主要作用是促进各成员企业协同行为动机的形成，包括愿望形成机制与预期共识机制。运行机制的主要作用是维护企业集成系统协同行为的正常运转，包括能力匹配机制、目标协同机制、协同公平机制以及强化协同机制。约束机制的主要作用是促进企业集成系统及其成员企业对环境的适应，并通过法律约束、政策制度约束、社会文化约束等对各方的行为进行制约，这里主要指环境协同机制。

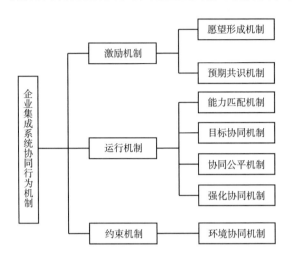

图 4 - 2　企业集成系统协同行为机制构成

4.3.1　愿望形成机制

协同愿望是各成员企业为实现协同目标而贡献力量的意愿，它的形成并不是一个偶然发生的过程，而是企业集成系统中各成员企业根据自身状况对协同手段和协同效价进行评估，进而产生强烈的合作倾向性。协同愿望的形成主要是促进协同动机的产生。

由图 3 - 3 的模型可知，协同手段与协同效价均为动机性因素。因此，企业集成系统各成员企业需要对协同手段与协同效价进行评估，通过不断地沟通使得各方分别对协同行为重要性和协同行为路径的认知达成一致，进而促进协同愿望的产生；反之，则退出。具体如图 4 - 3 所示。

根据图 4 - 3，企业集成系统协同愿望形成机制包括两个方面的内容。

4.3.1.1　协同效价评估

在企业集成系统中，协同效价指的是指各成员企业对协同行为的重视程度。根据前面所述，协同效价取决于协同事项重要性与合作行为重要性。

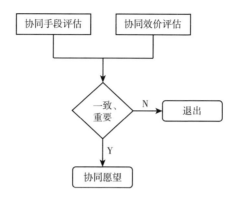

图4-3 协同愿望形成机制模型

因此，协同效价的评估主要有两个方面：一是协同事项重要性的评估，即评估协同事项产生的结果是否能够满足各成员企业的需求；二是合作行为重要性评估，即评估合作行为是否比个人行为更能有效地完成既定事项或目标。若这两个方面的评估结果都是肯定的答案，则协同效价取正值，进而促进协同愿望的形成；否则，则退出，进行下一轮评估。

4.3.1.2 协同手段评估

在企业集成系统协同行为过程中，协同手段评估主要是在于评估各成员企业对开展协同行为的路径或方式方法的认知是否达成一致。一般情况下，各成员企业可以通过自身的学习以及相互之间的沟通交流，逐渐对将要选择的协同手段形成清晰的认识，并达成一致意见，进而促进协同愿望的形成。

根据上述协同愿望形成机制的分析，协同效价与协同手段的评估是建立在成员企业的基础上，因此我们在协同行为管理中需要注意两个层面的问题。从成员企业层面：一是要思想上要开放、合作、共享；二是要对自身进行SWOT分析，明确优劣势，进而强化协作的重要性；三是要提升自身的认知能力，这有利于更加清晰地认知协作路径、方法或方式。从系统层面：一是要统一各方思想，通过集中宣导协同行为的重要性，并在协同行为过程中时刻关注各成员企业的思想动向，一旦偏离，便及时进行协调沟通，使其回到既定轨道，确保各方思想高度统一，形成统一的价值观，进而促进协同效价的提高；二是要为各成员企业提供科学的评估方法与工具，以便能获得科学合理的评估结果；三是要组织各成员企业进行充分的交流和沟通，根据各方的实际情况，共同设计出切实可行的协同路径，并达成共识。

4.3.2 预期共识机制

预期共识机制是保证协同期望形成并达成共识的一种机制。它强调的是对未来所发生事件的一种估计，是一种心理状态的表现。从图 4-4 可以看出，协同愿望产生后，企业集成系统中各成员企业要对协作的事项、协作本身以及协作方式进行理性与科学的评估，当高概率、高成功率时，则产生协同预期并通过沟通使各方达成共识；否则，则拒绝协同。

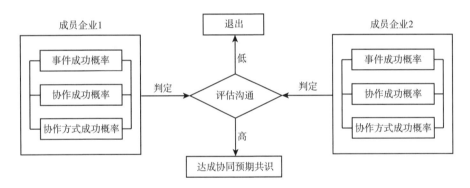

图 4-4 预期共识机制模型

根据图 4-4，企业集成系统预期共识机制包括三个方面的内容：

4.3.2.1 预期评估判定

在协同预期共识正式形成之前，企业集成系统中各成员企业先是对预期的相关事项进行评估判定，根据前述可知，主要包括三个方面。

（1）协作事件成功概率。各成员企业需要对协作事件进行理性的认知与评估，以此作为选择协同行为的决策依据。根据西蒙的有限理性概念[①]，成

---

① 陈权，张凯丽，施国洪. 高管团队战略决策过程研究：一个理论模型——基于行为决策理论 [J]. 管理现代化，2014（1）：36-38+107.

员企业所作出的决策是满意解，而不是最优解。据此，根据协作事件类型，可以分为三种决策情况：一是当协作事件为确定性时，即协作事件的相关问题的自然状态完全确定，各成员企业可以很清晰、直观地判断或计算出结果。显然，当结果令各方满意时，则进行下一步评估；否则，则退出。二是当协作事件为不确定性时，即协作事件的相关问题的自然状态无法确定，各成员企业难以判断或计算出结果。此时，可能会采用大中取大、小中取大、等概率、后悔值等方法进行决策，当各方得到的满意解一致时，则进行下一步评估；否则，则退出。三是当协作事件为风险类型时，决策就要取决于各成员企业对风险的偏好程度。同样地，当各方得到的满意解一致时，则进行下一步评估；否则，则退出。

（2）协作成功概率。当协作事件成功概率令人满意时，则进入协作成功概率的评估。对于此，各成员企业主要评估协作顺利完成的可能性大小，主要涉及评估各方的协作意愿、协作能力等方面。当评估结果令人满意时，则进行下一步评估；否则，则退出。

（3）协作方式成功概率。协作方式成功概率评估是最后一步，主要是评估协作过程中所采用的具体路径或方式是否能有效地促进协作的顺利完成。很显然，当评估结果令人满意时，则选择协同；否则，则退出。

由上分析可知，只有上述三个评估结果均令人满意时，各成员企业才会选择进入协同预期评估沟通，进而促进协同预期共识的产生。

4.3.2.2　评估沟通

评估沟通就是各成员企业需要不断地通过评估信息的交换，沟通交流，消除分歧，促进共识的达成。在预期共识机制模型中（见图 4－4），产生协同预期后，各成员企业就如何达成协同预期共识的问题上，需要经过一番的博弈与讨论，各方都会出于自身利益最大化的考虑，在诸多合作方面都有可能产生分歧。因此，需要各方毫无保留地进行信息交换，推心置腹地沟通交流，进而达到一个平衡点，此时，各方对协同预期达到一个较高水平，则达成共识；否则，则退出。

4.3.2.3 协同预期共识达成

在有限理性的前提下，协同预期共识会不同程度地受到各成员企业的信心、习惯、偏好、组织制度、环境等内外因素的影响。因此，各成员企业面对各自协同预期评估的结果，带着不同的诉求进行沟通协调，通过相互让步或妥协或理解或曲线救国等方式，寻求一个让各方都能接受的平衡点，即共识。

根据上述分析，在协同行为管理中，需要注意两个层面的问题，第一个是从成员企业自身层面：一是各成员企业在预期评估时要保持一定的理性，不要过于乐观，也不要过于悲观；二是各成员企业要尽可能得到与预期评估有关的一切信息；三是各成员企业要避免犯一些系统性的错误，同时需要运用科学的评估方法。第二个是从系统层面，最为重要的是帮助各成员企业达成共识，需要注意：一是应该通过沟通，引导各方从狭隘的"你、我"的立场走出来，进入一个有利于达成共识的整体立场；二是要建立良好的沟通与信任机制，使各成员企业之间加强沟通互动，进行信息共享，消除各方的戒备心理，建立信任关系，真正实现互补融合，促进共识的达成。

4.3.3 能力匹配机制

任何工作绩效的取得都离不开愿望和能力。然而，能力匹配是各主体在知识、技能、能力上符合组织要求的程度[①]，它最为关键的作用就是在同一水平层面弥补特定的功能缺失。

在企业集成系统协同中，能力匹配是各成员企业在完成协同目标过程中所需的各种能力的互补与相容程度，主要包括一般能力以及特殊能力。一般能力主要是指影响各成员企业在协同过程中的协调沟通、认知等方面的能力。特殊能力主要是指影响协同活动中专门事项的完成效率、效果等方面的能力。能力匹配机制是为了保证企业集成系统中各成员企业在协同行为过程

---

① 赵慧娟. 价值观匹配、能力匹配对情感承诺的影响机制研究 [J]. 经济管理，2015（11）：165-175.

中能够产生取得协同效应的各种关键能力，促进协同行为顺利开展。本书借鉴克里斯托芙（Kristof）的 P - O 匹配概念模型①，提出了企业集成系统能力匹配机制模型，它主要包括强化匹配与互补匹配，如图 4 - 5 所示。

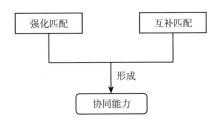

图 4 - 5　能力匹配机制模型

根据图 4 - 5，企业集成系统能力匹配机制包括两个方面的内容。

4.3.3.1　强化匹配

强化匹配是指企业集成系统中各成员企业所有的相同或相似能力，以一种非线性方式进行叠加，进而出现的一种强化效应，即产生 1 + 1 > 2 的效果。

进行强化匹配的成员企业具有如下特征：具有相同的能力、知识、技术以及生产设备；相互之间能够进行信息与知识的交换，从而提高各方的知识与能力；必要时能够相互支持与帮助。因此，在这种情况下，各成员企业可以通过协调耦合，使得整体专业化程度更加突出，极大地提高了生产力，有效地降低了成本，进而形成更加强大的市场竞争力。

4.3.3.2　互补匹配

互补匹配是运用各自不同的能力优势进行相互补空，相互满足对方潜在能力或资源等方面缺失的需求过程。通俗地说，互补匹配就是一个为了达成协同目标，各方之间相互满足的过程，最终实现各取所需、互为所用，进而助推协同能力的形成，产生 1 + 1 > 2 的效果。

进行互补匹配的成员企业具有如下特征：具有不同的专业能力、知识、

---

① Kristof A L. Person-Organization Fit：An Integrative Review of its Conceptualiztions，Measurement，and Implications ［J］. Personnel Psychology，2010，49（1）：1 - 49.

技术以及生产设备；各自分布在价值链的不同环节；相互之间能够通过"紧前紧后"工序的方式完成任务。因此，在这种情况下，通过协调耦合，各成员企业大大地提高了综合能力，缩短了生产周期，有效地降低了物流成本，容易形成产业化经营，进而提高市场竞争力。

根据上述分析，在协同行为管理中需要注意两个层面的问题，第一个是从成员企业层面：一是要注重自身能力的提升，要不断地学习与实践，体验不同的协同方式，进行各种相关知识与技能的获取与更新，以提升自身的一般能力与特殊能力；二是要树立合作意识，积极参与各种协同活动或集体活动，在过程中不断地总结与提升协作能力。第二个是从系统层面：一是要科学合理地进行匹配的技术设计，有效地解决强化匹配与互补匹配问题，保证协同能力的形成；二是要积极营造合作氛围。首先，要明确各成员企业的分工，因为分工是否明确是合作氛围好坏与否的一个重要标志；其次，要重视合作文化的建设，即通过各类团建活动、宣导活动等来营造一个互助互爱的合作氛围，进而促进各成员企业协作精神的形成；最后，要搭建学习环境，制定学习交流机制，并通过开展培训等方式，积极为各成员企业创造学习与能力提升的机会。

4.3.4 目标协同机制

根据图3－4的模型可以看出，目标协同是取得协同效应的关键。本书认为，目标协同机制的主要作用在于使得各成员企业对目标有统一、清晰的认识，它能够指引各方行为朝着同一个方向努力，最终实现协同效应。目标的认识需要一个过程，企业集成系统中各成员企业对目标的认识总是从一开始模糊不一的状态，通过各方对目标的分析与沟通，逐渐变得清晰具体，最终达到一致的状态。但是，随着外界环境的变化以及新目标的出现，又会进行新一轮的目标协同过程。由此可见，它是一个动态循环的过程，并且随着各成员企业不断地学习与进步，协同状态呈现阶梯式上升的趋势。从图4－6中可以看出，目标协同一般需要经历三个阶段，即目标分析（analysis）、目标沟通（communication）以及目标一致（consistency），简称ACC循环。

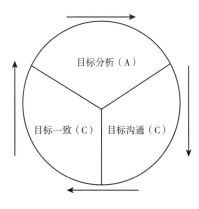

图 4 – 6　目标协同机制模型

根据图 4 – 6，企业集成系统目标协同机制包括三个方面的内容。

4.3.4.1　目标分析阶段

由于企业集成系统中各成员企业的认知能力不一，其对目标的理解也模糊不一，使各方无法预知将要协同的事项是否能够满足各自的需求，进而影响协同行为效果。因此，需要通过详尽的目标分析，使其具象化，从而促进各成员企业对目标的理解，进而提高各方协同行为的执行力。

4.3.4.2　目标沟通阶段

目标沟通实质上是各成员企业将有关于目标的信息、思想和情感在相互之间进行传递并达成共识的过程。它的目的在于使各成员企业对目标的认知达成一致，并促进合力的形成。因此，在该阶段，各成员企业需要通过有效的信息传递，不断地进行双向沟通与反馈，直至消除分歧并达成共识。

4.3.4.3　目标一致阶段

目标一致是指各成员企业对系统目标的认知达成清晰一致的状态，即目标协同状态。根据目标一致理论，企业集成系统中各成员企业目标一致时，会产生一种内在推动力，指引他们朝着同一目标方向付出努力，使得个体的能力得到最充分的发挥，实现系统整体功能水平最大化，促进协同效应的取得。

根据上述分析，在协同行为管理中，需要注意两个层面的问题，第一个是从成员企业层面：一是要加强学习与交流，注重提高自身的一般能力，进而提升目标的认知水平；二是要保持相互之间顺畅的沟通，即各成员企业在沟通过程中，要清晰准确地表达目标信息的内涵，以便对方能准确接收与理解，进而促进共识的达成。第二个是从系统层面：一是要保证目标信息的透明度，在系统内部，目标信息应作为公共信息进行公开，杜绝信息不对称的现象；二是要建立信息反馈机制，保证各成员企业对目标信息不理解时可以得到及时解释；三是要注重目标的关联性与具体性，即在制定目标时要重视关联各方的需求和目标，以便各成员企业接受与理解，有助于快速达成共识。

4.3.5 协同公平机制

在组织行为学中，公平是组织内各成员对与自身利益有关的组织制度、政策等一系列方面公平的判断、知觉和感受，即公平的认知（Amabile et al.，2001）。关于协同公平的解释，巴纳德（Barnard，1938）认为它是个人心理契约与组织付出相互匹配的结果。牟临杉（2006）也从不同角度论述了公平是心理契约建立与维系中的一个核心主题。由此，心理契约是影响公平感知的一个重要因素。根据前面所述，协同公平主要由关系公平、过程公平与结果公平三个方面组成。

显然，公平的评估是没有明确的框架和判定标准，无法量化，是一种心理感知，只能依靠个体心理体系去判断，即心理契约。对于企业集成系统而言，心理契约是各成员企业在付出协同努力的同时想在一定时期内获得满意回报的一系列期望，它是无形、内隐、无法书面化的。这些期望包括利益、价值认同、良好的关系、发展机会等。因此，在协同行为过程中，各成员企业心理契约的公平标准会在很大程度上影响着协同公平的判定。

企业集成系统协同公平机制的主要作用是管理和干预公平的发生过程，有助于协调各成员企业在协同行为过程中能够保持相对公平的感知，以使各方获得满意，最终实现协同经济，促进整个协同行为过程的正常运转。企业集成系统中各成员企业会根据心理契约的公平标准对协同行为结果、过程与关系的公平性进行判定。当这三者都达到标准时，则产生协同公平，即获得了满意；当这三者有一项以上不达标时，则对协同感知不公平，进而出现了不满意、退出协同等负面情绪或行为，具体如图4-7所示。

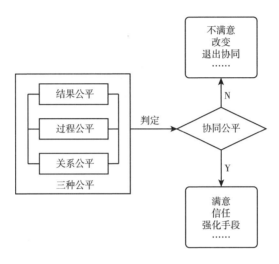

图 4 - 7　协同公平机制模型

根据图4-7，企业集成系统协同公平机制包括三个方面的内容：

4.3.5.1　协同结果公平判定

在企业集成系统中，协同结果公平是指各成员企业对协同绩效分配结果的公平感知。根据美国学者亚当斯的公平理论，通过投入产出比的社会比较和历史比较来判定结果的公平性。对于企业集成系统中各成员企业而言，历史比较主要针对自身成为系统成员前后的付出与所得比值之间的比较；社会比较，主要针对系统内其成员之间以及与其他系统内外相近企业的付出与所得比值之间的比较。

4.3.5.2　协同过程公平判定

根据过程公平理论，协同过程公平判定主要有三条原则：参与、解释与明确期望。在企业集成系统中，协同过程公平判定是评估各成员企业在协作过程中是否能够充分地理解协作规则和政策并获得相互之间的重视与认可，进而达到内心的满意。其常常表现为各成员企业是否共同参与制定协作规则与政策、是否对协作规则与政策有充分的理解与认可、是否明确最终的协作结果以及各方在协作过程中的表现是否得到认可与重视等。

4.3.5.3 协同关系公平判定

根据公平交换—平等理论，关系公平的核心要件是平等互利原则。对于企业集成系统而言，各成员企业之间的协同关系是以契约为纽带的一种平等互利关系。平等是指各成员企业之间在协同过程中不存在上下级的关系，而是根据契约所规定的责权利开展合作。互利则是指各成员企业在协作过程中都能够给对方带来好处与利益的情况。

公平判定结束后会存在两种情况：一是感知协同不公平，即成员企业对协同不满意。根据不满意程度的大小，成员企业就会出现负面情绪，进而采取反协同行为。根据亚当斯的公平理论，他们会通过改变自己或他人的投入与产出、歪曲认知等方式来获得公平感，严重者，则会退出协同。二是感知协同公平，即成员企业对协同满意，强化各方的组织公民行为，增强组织承诺，提高信任度。反过来，公平的感知又会影响心理契约的公平标准。

根据上述分析，在协同行为管理中需要注意两个层面的问题，第一个是从成员企业层面：一是要建立和完善在合作协议基础上的心理契约，使之评判标准更加客观合理，进而更容易获得公平感知；二是要正确处理好历史比较与社会比较的辩证关系。实际上，很多不公平的问题都是出于在没有客观全面地评价系统内外他人的付出和所得以及自身成为系统成员前后的付出与所得的情况下进行社会比较与历史比较，导致结果偏差，从而产生了不公平感。因此，各成员企业需要摆正心态，要学会认可他人的付出，并全面掌握相关信息，努力做到客观公正的评价。第二个是从系统层面：一是要遵循公平公开公正的原则，客观公正地处理每一件事，无论何时都不能打破这一核心原则；二是要充分了解各成员企业的期望，并通过沟通、分析、协调等方式，帮助它们建立一个合理预期，有助于三个公平感知的形成；三是要建立以人为本的评价机制，客观评价各成员企业在协同行为过程中的表现与所付出的努力，并结合平等原则与需要原则进行合理的分配绩效，以满足各方的需求，以促进公平感知的形成；四是要营造良好的合作氛围，即创设平等、和谐、参与、共享的合作氛围，使得各成员企业能够在愉悦、宽松的环境中开展合作或参与合作，保证沟通顺畅无阻、信息公开透明，以促进公平感知的形成。

4.3.6　强化协同机制

强化协同的目的在于使企业集成系统协同行为固定化、常态化，而不是偶发性或一次性。强化协同机制的主要作用是使协同行为达到不待扬鞭自奋蹄的效果，即自发地重复或循环出现，进而维护协同行为过程可持续地运转。根据组织行为学强化理论，强化起着塑造行为的作用。操作性条件反射倡导者斯金纳认为，在发生某个具体行为之后如果能得到令人满意的结果，则这种行为发生的频率就会增加①。这说明，如果企业集成系统中各成员企业的协同行为能够得到正面的强化，则这种行为可能重复出现。根据图 3 - 3 的模型可以发现，三个强化起着塑造协同行为的作用。因此，在协同行为过程规律的基础上，运用强化理论，通过三个强化阶段构建强化协同机制，将单向的协同路径变成一个闭环，形成协同行为的良性循环，最终实现协同行为固定化、常态化。因此，企业集成系统强化协同机制包括协同效价强化机制、协同手段强化机制和协同期望强化机制，它们影响着协同行为动机的形成，具体如图 4 - 8 所示。

4.3.6.1　协同效价强化机制

协同经济是否取得是协同行为成功与否的关键评价指标。协同经济主要是反映参与协同的各方所获得的经济效益大于其单独行动所获得的经济效益，并获得满意感知。因此，如图 4 - 9 所示，协同经济的取得，实现了各

---

① 钟力平. 斯金纳的强化理论及其应用 [J]. 企业改革与管理，2008 (2)：70 - 71.

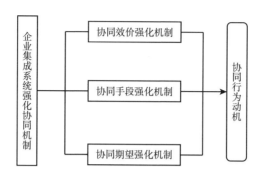

图 4 - 8 企业集成系统强化协同机制构成

自的目标，有效地满足了需求，进一步提高了它们对协同结果的满意度以及增加了对协同行为重要性的认知，让它们觉得协同行为是有价值的、有意义的，也因此提高了对协同行为的重视程度。由此，协同经济强化了协同效价，并且当强化频率达到一定程度时，协同效价不再需要评估，而是把协同行为的重要性直接渗透到它们的潜意识之中，使得协同行为的重要性不言而喻，并在思想中形成一种经常性或常态化的共识，激发协同行为动机的产生，进而促进了强化协同机制的形成。

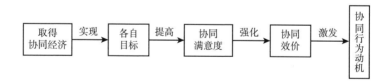

图 4 - 9 协同效价强化过程

4.3.6.2 协同手段强化机制

从前面所述可知，协同公平的三个关键要素是关系、过程和结果。然而，协同手段恰恰包含在协同过程中，如图 4 - 10 所示。经过过去的协同，实现了关系公平、过程公平以及结果公平，各方均获得了有效的公平感知，提升了他们对协同的认同感，进而对实现协同的路径、方法以及工具给予认同。基于此，在下一次协同时，它们就会倾向采用过去取得成功的协同手段。据此，协同公平强化了协同手段，并且当强化频率达到一定程度时，这种协同手段就很有可能成为各成员企业常态化使用的手段，从而激发协同行为动机的产生，进而促进强化协同机制的形成。

图 4 - 10　协同手段强化过程

4.3.6.3　协同期望强化机制

在卡纳曼（Kahneman）和特韦尔斯基（Tversky）提出的期望模型（forward looking model）中，组织会基于当前的绩效水平对未来行为可能结果进行评估，选择组织的战略变化程度，当当前绩效高于预期，组织倾向于保持现有战略，此时绩效对未来预期存在强化作用①。同样地，企业集成系统在协同行为过程中，过去的协同效应使得企业集成系统各成员企业对已完成的协同任务或目标感满意，这将有助于产生对下一轮协同任务完成的信念与自信，形成较高水平的自我效能感。也就是说，取得协同成功的经历会使各方产生一定程度的成就感，增强了各方的自信心，提升了各方心理的一致性，进而强化了对下一轮协同成功高概率的认知，由此而强化了协同期望，同时也促进了下一轮协同努力的形成。因此，根据强化理论与操作性条件反射观点，可以预见，随着每一轮协同期望不断得到强化，当达到一定程度时，各成员企业就会逐渐形成固定的思维模式，从而激发协同行为动机的产生，并促进了强化协同机制的形成，具体如图 4 - 11 所示。

图 4 - 11　协同期望强化过程

---

① Kahneman D, Tversk Y A. Prospect Theory: An Analysis of Decision Under Risk [J]. Econometrica, 1979, 47 (2): 263 - 291.

鉴于以上分析，三个强化构成了强化协同机制的关键过程，它们使得协同愿望与协同努力常态化。协同愿望与协同努力的常态化是整个协同运行常态化的驱动力。因此，在协同行为管理中，需要注意两个层面的问题，第一个是从成员企业层面：一是要善于自我总结过去的协同经历，并进行优化与调整，以反哺下一轮协同；二是要善于从他人身上获取成功的协同经验，并进行思考加工，形成自己的结论，进而增强信心，以促进协同行为的顺利开展。第二个是从系统层面：一是通过不断地举办协同经验分享会等形式，不断地对其进行协同成功的心理暗示，以强化各成员企业对协同的信心与认知；二是帮助未曾有过协同经历的成员企业建立信心并告之常见问题的解决方法，做好其心理建设；三是建立跟踪服务与协调机制，以便能在协同行为过程中及时发现成员企业遇到的问题，并提供快速、有效的帮助。

4.3.7 环境协同机制

协同论认为，系统与环境之间存在着一种与混沌态相对应的最佳状态，当把环境变量引入系统内部时，系统协同管理才会变得有效[①]。处在瞬息万变的环境中，企业集成系统只有能够根据环境的变化迅速地作出反应，及时地进行相应的调整，才能保证其协同行为健康有序地发展。与此同时，具有学习和适应能力的企业集成系统又会反过来影响与改变着环境。企业集成系统是由大量具有独立性的成员企业集合而成的，它们具有一定的自组织性和主动适应性，能够与环境之间不断地进行物质、信息与能量的交换与融合，相互影响、相互作用，并根据环境的变化作出调整与适应，进而促进企业集成系统协同行为的形成，具体如图 4－12 所示。

根据图 4－12，环境协同机制主要包括三个方面内容。

4.3.7.1 环境对物质交换的影响

对于企业集成系统而言，物质是指影响成员企业生产所需的各种资源要

① 哈肯. 协同学 ［M］. 西安：西北大学出版社，1981.

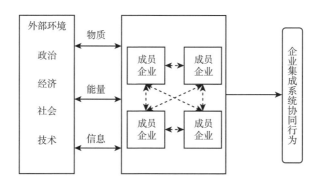

图4-12　环境协同机制模型

素，包括土地、货币、能源、人力资源、技术等各类生产要素。外部环境的变化会直接或间接影响物质的供应，从而影响企业间的物质交换活动，再进而影响企业集成系统的协同行为。以华为事件为例，华为是一家全球领先的信息与通信技术企业，其业务遍布全球170多个国家和地区。显然，以华为为核心的企业集成系统，其中的成员企业、合作厂商也是遍布全球。然而，美国政府为遏制华为发展而采取的打压政策，全面切断华为芯片来源，给华为及其系统成员企业、合作厂商带来了很大的负面影响，进而影响了它们之间的协同行为。

4.3.7.2　环境对能量交换的影响

对于企业集成系统而言，能量是指影响成员企业高质量发展的各种有形要素和无形要素的总和。它既包括资金、物资、设备等有形部分，也包括思想、信念、知识等无形部分。同样地，外环境也会通过政治、经济等四大因素对能量交换产生影响，进而影响企业集成系统协同行为。能量的交换需要以"场"为依托，"场"则是一个复杂的交换系统，是超越传统组织边界的无限空间，并且具有很强的开放性与互动性。因此，如果限制了"场"的延伸就等于限制了能量的辐射与交换，进而影响了系统的协同发展。同样，以华为事件为例，美国政府"以国家安全性"为由禁止华为5G通信设备和智能手机进入美国市场。这种行为相当于阻断了华为与其在美国甚至其他地方的成员企业之间进行能量交换的"场"，切断了能量辐射，影响了能量交换，进而影响了以华为为主的企业集成系统中各成员企业间的协同行为。

4.3.7.3 环境对信息交换的影响

对于企业集成系统而言，信息是指影响系统中成员企业间协同活动的一切有价值的消息。而信息传递与交换是各成员企业间进行沟通交流与分工协作的关键。同样地，外环境会通过政治、经济等四大因素影响信息传递与交换，进而影响企业集成系统协同行为。同样，以华为事件为例。根据被曝光的"棱镜计划"，美国国家安全局常年对包括华为在内的雅虎、微软、谷歌等科技企业进行网络监控，获取电子邮件、网络日志等信息，造成信息泄露，有损信息安全。这无疑在不同程度上造成商业机密的泄露，影响了企业间商业信息往来，限制了沟通与合作，进而对企业集成系统协同行为造成很大的影响。

由上分析，环境中的政治因素、经济因素、社会因素以及技术因素都会不同程度地影响着各成员企业间的协作，进而影响整个企业集成协同行为。因此，在协同行为管理中，需要注意两个层面的问题，第一个是从成员企业层面：一是环境学习。需要通过各种方式加强对环境的认识，应随时关注政策法规的变化、掌握经济发展的状况、重视社会文化的融合、拥抱协同技术的革新，才能做到审时度势，进而对是否要开展协作作出理性的判断。二是适应环境。要根据外部环境四大因素的变化动态地调整自身的发展战略和具体的合作计划，做到与外部环境形成协同关系，以动应变来迎接各种各样来自于环境的挑战。三是夯实内功，打造核心竞争力。当今世界，外部环境复杂、多变与不确定性强，物质、能量、信息的交换随时都有可能受到不同程度的影响。往往在这种情况下，只有企业自身强大，不过多依赖外部条件，才有可能少受些影响，甚至不受影响，进而化危为机，获得发展。第二个是从系统层面：一是环境研究。很显然，环境的研究是协同行为可能性的辨析。首先，要认真研究国家制定的有关于协同的相关政策法规，要很清楚地了解哪些是国家鼓励、政策允许的，哪些是国家明文禁止的，根据这些相关政策法规，做好协同的顶层设计和路线；其次，要认真地研究国家经济政策，充分地调研经济发展状况，进而研判开展协同的必要性；再次，要认真研究社会的合作文化，明确"会不会合作"的问题；最后，要认真了解有关于协同的技术，这决定着"好不好合作"的问题。二是引导协同行为。在充分的环境研究基础上，要利用好环境中各种有关于影响协同行为的利弊因素，与各成员企业进行有效的沟通，引导和影响各成员企业的思维模式和行为模式以适应外环境的变化，并形成共同的价值观，进而促进各方内在心理的一致性与外在行为的有序性，助推企业集成系统协同行为的形成。

4.4　本章小结

本章首先界定了企业集成系统机同机制的内涵，并分析了它的特征。然后，基于企业集成系统协同行为机理四个阶段，探究了保证协同行为成功运转的七大机制模型，即愿望形成机制、预期共识机制、能力匹配机制、目标协同机制、协同公平机制、强化协同机制以及环境协同机制，并分析了每一个机制具体的运行过程，对促进协同行为形成具有重要指导意义。

第 5 章

基于集成力模型的企业集成
系统协同度评价分析

第 3、第 4 章所讨论的企业集成系统协同行为机理、机制为协同行为管理提供了依据。但是，一个企业集成系统的协同水平究竟如何，还需要进一步地探索与研究。鉴于企业集成系统本身是一种集成现象，本章将从集成力的角度来研究企业集成系统协同度评价，主要内容包括：论证集成力与协同度的相关关系；提出企业集成系统协同度的评价模型，为企业集成系统协同行为评价提供一种方法或工具。

5.1 企业集成系统集成力模型

吴秋明（2004）在所著的《集成管理论》一书中，将自然系统中场的概念引入社会系统中，提出了社会系统集成力模型，并阐述了集成力场四定律，包括场力分布定律、场强分布定律、场能均衡定律以及场力、场强矢量和定律①。

企业集成系统之所以能成为系统，主要是因为存在着能够凝结各协同行为主体的作用力，即集成力，具体如式（5-1）所示：

---

① 吴秋明.集成管理论 [M].北京：经济科学出版社，2004.

$$F(t) = E(t) \frac{Q_1(t) Q_2(t)}{d^2(t)} \tag{5-1}$$

其中，$F(t)$ 表示企业集成系统中两个协同行为主体之间的集成力；$Q_1(t)$、$Q_2(t)$ 表示企业集成系统中两个协同行为主体质量；$d(t)$ 表示企业集成系统中两个协同行为主体间的心理距离；$E(t)$ 表示环境系数 [$E(t) > 0$]，对简单环境取 $E(t) = 1$，对复杂环境取 $E(t) < 1$，而环境越复杂，$E(t)$ 值越小；t 表示时间参数。

从式（5-1）中可以看出，在一定的时间（t_0）下，企业集成系统各协同行为主体之间的集成力与协同行为主体的质量乘积成正比，与它们之间的心理距离的二次方成反比，作用力的方向在两点连线上。

5.1.1　质量

在不同的研究领域中，"质量"被赋予了不同的含义。在物理学中，质量是指物体所含物质的多少。在管理学中，质量主要是指产品、个体、群体或组织内在性质或素质方面的综合表现。对于企业集成系统而言，质量指个体或组织的质量，即它们所具有的素质或个性特征的总和[①]。

（1）个体质量。对个体而言，影响其质量的因素有职称、职务、年龄、财富、长相、背景（学历、工作等）、健康情况、价值观等。

（2）企业组织质量。对于企业组织而言，影响其质量的因素有规模、品牌知名度、财力、行业影响力、技术力量、企业文化、管理水平、竞争力、盈利能力等方面。

总而言之，无论是个体还是组织，质量都是能力的综合表现。根据式（5-1），协同行为主体质量与集成力成正比，即质量越大，集成力越大；反之，亦然。

基于以上分析，本书提出假说。

H5-1：协同行为主体质量与企业集成系统集成力正相关。

---

① 郭言喆. 论布洛的"心理距离说"[J]. 文教资料，2019，812（2）：103-105.

5.1.2　心理距离

20 世纪初，瑞士心理学家爱德华·布洛（Edward Bullongh）率先提出审美的心理距离说，认为人与艺术品之间的观赏距离不是实际的空间距离，而是一种心理距离，即是一种介于我们自身和那些作为我们感动的根源或媒介的对象之间的距离。从社会心理学角度，人天生有一种心理上的警觉，即会以自我为中心，形成一个蛋形的心理防御空间，对他人进行隔离。越是与之亲密的人，自我防御空间就会缩小，心理距离随之缩短；反之，心理距离越远。

企业集成系统中的心理距离主要是用于表示各协同行为主体间协作关系密切程度或是情感上的契合程度，是一种心理上的表征，它不同于空间距离，是相对抽象、隐性以及难以量化的。心理距离越短，双方的协作关系就越紧密；心理距离越远，双方的协作关系就越松散。

对于企业集成系统而言，存在个体与个体（P－P）、个体与组织（P－O）以及组织与组织（O－O）三种心理距离，具体如下。

（1）P－P 心理距离。P－P 心理距离表示个体间协作关系的密切程度。特罗普等（Trope et al.，2010）和威尔等（Will et al.，2014）从时间距离、空间距离、社会距离和假设性构建了心理距离的四个维度，认为心理距离越近，个体之间越相互依赖、相互信任。国内学者王丽平（2013）、郑君君（2017）等也从不同研究视角发现心理距离越小，社会嵌入性越高，合作意愿也越高。可见，个体间心理距离越小，相互间的作用力越大，其协作关系就越紧密。

（2）P－O 心理距离。P－O 心理距离表示个体与成员企业组织间协作关系的密切程度。吴秋明（2004）认为，影响个体与组织之间心理距离的因素有时间、地点、沟通、需求、文化、空间距离等。个体与组织之间可以通过沟通、激励、缩短空间距离等方式，缩短双方的心理距离，提高相互之间的吸引力，进而使得相互间的协作关系更加紧密。

（3）O－O 心理距离。O－O 心理距离表示企业集成系统中成员企业协作关系的密切程度。诺德斯特姆和瓦林（Nordstorm and Vahlne，1994）认为心理距离对企业间合作行为有负向影响，企业倾向与心理距离的对象开展合作经营活动。陶氏（Dow，2006）从贸易角度研究发现，企业间心理距离越小，相互间发生交易的可能性就越高，贸易流量越大。可见，企业主体间心理距离越小，相互间的吸引力越大，其合作关系越紧密。

实际上，组织行为学中诸多激励理论旨在缩短组织系统中各行为主体之间的心理距离，提高组织凝聚力，进而实现组织绩效。根据式（5 - 1），心理距离与集成力成反比，即在其他条件一定的情况下，心理距离越短，企业集成系统各行为主体间所产生的集成力越大。

基于以上分析，本书提出假说。

H5 - 2：协同行为主体间心理距离与企业集成系统集成力负相关。

5.1.3　环境

前已述及，企业集成系统环境包括政治因素、经济因素、社会因素与技术因素，它们都会不同程度地影响各行为主体间的集成活动。

《集成管理论》一书中指出，当外部环境变得复杂多变、动荡不安时，无论是个体还是组织，其互赖性都不同程度地降低了，相互间的关系趋于松散，进而弱化了集成力。

从式（5 - 1）可以看出环境与集成力成正比。环境会通过影响各协同行为主体的心理，左右其思想、认知和行为，进而影响相互间的作用力。可见，环境越有稳定有序，无论是个体还是组织，其互赖性越强，相互间协作关系趋于紧密，则集成力越大；反之，集成力越小。稳定有序通常是指环境中政治稳定、经济繁荣、技术先进以及社会和谐。

基于以上分析，本书提出假说。

H5 - 3：环境与企业集成系统集成力正相关。

5.2 企业集成系统集成力与协同度关系分析

企业集成系统形成的基础是集成，而集成力是连接各协同行为主体的作用力。集成力越大，系统整合程度越高，系统界面的损耗越低，则系统协同性越强。本节将对集成力与协同度之间的相关关系进行理论与实证分析。

5.2.1 主要研究假说分析

5.2.1.1 企业集成系统集成力与协同度

巴纳德（1938）提出，组织是一个相互作用力的协作系统。这里所指的相互作用力与管理学中常提及的凝聚力、吸引力等相仿，本质上都属于集成力，只是表述不同而已。雒永信等（2006）通过科学表达式诠释了凝聚力是个体与个体或成员与成员之间的一种相互作用力。这里所指的作用力也是集成力。董千里等（2011）提出了物流集成力的概念模型，并认为集成力是一种合力，具有吸引和辐射的功能，推动着自身与其他集成体协同发展。实际上，对于企业集成系统而言，集成力是其内在的一种属性，是其进行协同运作能力的表现，驱动着系统协同有序地运行。根据企业集成系统协同行为特征的分析，本书认为，企业集成系统协同度是系统内各成员企业在协作过程中，彼此之间心理上、行为上和谐一致的程度。

哈肯（1969）提出，协同作用是系统有序结构形成的内驱力。对于任何复杂系统，当作用于其身上的力达到某个临界值时，则产生协同作用。卢因、阿奇等学者在群体动力理论中提出，群体组织中个体间的协同行为会受到内在需要与环境外力相互作用的影响，当目标一致时，会产生高水平的凝聚力，进而提高协同水平[①]。秦书生（2001）认为现代企业具有较强的自组

---

① Siegfried S. Complexity：An Integration of Theories［J］. Journal of Applied Social Psychology, 1997, 27（23）：2068－2095.

织特性，并提出通过内聚力、吸引力形成内外互利的协同过程，进而降低各子系统之间的摩擦和冲突，减少损耗，提高整体协同性。李海等（2009）提出了凝聚力正向影响着组织协同度的五个维度，即员工向心程度、人际和谐程度、价值认同程度、任务协作程度以及利益共享程度。李艳春等（2011）提出了企业组织凝聚力结构模型，并且论证了凝聚力有利于黏合、团结各成员，能够有效地正面影响团队成员思想认识的统一性和目标、行为的协调一致性，即凝聚力正面影响团队成员之间的协同性。史培军等（2014）提出了凝聚力是综合系统协同性的一种测量与表达，其协同性有四个维度：协同宽容、协同约束、协同放大、协同分散。前两个维度代表凝心，后两个代表聚力，即凝聚力越大，协同性越强，协同度越高。此外，根据董千里等（2011）提出的物流集成力数学模型，亦发现集成力越大，两个物流集成体之间的协同性越强，即协同度越高。因此，本书可以合乎逻辑地推理，企业集成系统集成力与协同度之间存在着正相关关系。

为了更好地支持上述推理，根据式（5-1）以及式（3-1）~式（3-3）的分析，可知企业集成系统是在能够凝结各成员企业的集成力的基础上构建而成的。因此，各成员企业间的集成力越大，凝聚力越强，越有利于消除相互间信息不对称、目标不一致、文化差异等因素，有效地降低相互间的界面摩擦，进而提高系统整体协同性，即协同度越高。

鉴于以上分析，本书提出假说。

H5-4：企业集成系统集成力与其协同度正相关。

5.2.1.2　企业集成系统协同度与协同效应

无论是著名的物理学家、协同学的创立者哈肯，还是战略管理之父安索夫，或是其他的国内外学者，他们都从不同的角度阐明了协同效应的实质就是整合增效或表述为 1+1>2。哈肯在其《协同学》中指出，协同效应是协同作用的结果。协同作用越强，协同效应越大，而协同度则是用于测量各子系统或元素间协同作用的强度大小。由此说明，协同度越高，协同作用越强，协同效应越大。此外，也有学者从企业技术创新的角度论证了创新主体间的协同度对协同效应有显著的正向影响和所产生的协同效应对企业创新绩效有显著的正向影响①。

由前面分析可知，企业集成系统协同效应主要包括心理效应、学习效应、互补效应以及整合效应，实际上表现为内在心理和外在行为两个维度。因此，根据企业集成系统协同行为特征，并结合式（3-3）可知，系统中各企业成员进行协作分工后，通过协同行为管理，提高相互间行为的协同性，即提高协同度，使各方逐渐达成内在心理的一致性与外在行为的有序性，以减少由矛盾或摩擦所引起的各种界面损耗，最终提高企业集成系统总的净效率，取得了协同效应。

由上分析，可推理企业集成系统协同度越高，协同效应越大；反之，亦然。

鉴于以上分析，本书提出假说。

H5-5：企业集成系统协同度与其协同效应正相关。

5.2.1.3 中介效应假说

根据5.1节与本节中所提出的 H5-1～H5-5 的5个假说，构建部分关系模型，具体如图5-1所示。

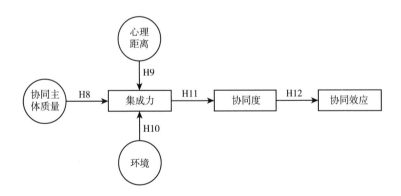

图5-1 集成力与协同度中介效应关系模型

显然，由图5-1可以提出具有中介效应的假说，具体如下。

---

① 李海，张勉，李博. 组织凝聚力结构与影响因素：案例研究及理论建构 [J]. 北京师范大学学报（社会科学版），2009（6）：47-56.

H5 - 6：协同行为主体质量通过集成力正向影响协同度。

H5 - 7：心理距离通过集成力负向影响协同度。

H5 - 8：环境通过集成力正向影响协同度。

H5 - 9：集成力通过协同度正向影响协同效应。

5.2.2　假说汇总与关系模型构建

根据 3.5 节（H3 - 1 ~ H3 - 7）、5.1 节（H5 - 1 ~ H5 - 3）以及 5.2.1 节（H5 - 4 ~ H5 - 9）所提出的假说分析，进行汇总，具体如表 5 - 1 所示。

表 5 - 1　　　　　　　　　　　　　　　假说汇总

假说	内容
H3 - 1	协同效价与企业集成系统协同度正相关
H3 - 2	协同手段与企业集成系统协同度正相关
H3 - 3	协同期望与企业集成系统协同度正相关
H3 - 4	协同能力与企业集成系统协同度正相关
H3 - 5	协同目标与企业集成系统协同度正相关
H3 - 6	协同公平与企业集成系统协同度正相关
H3 - 7	协同环境与企业集成系统协同度正相关
H5 - 1	协同主体质量与企业集成系统集成力正相关
H5 - 2	心理距离与企业集成系统集成力负相关
H5 - 3	集成环境与企业集成系统集成力正相关
H5 - 4	企业集成系统集成力与其协同度正相关
H5 - 5	企业集成系统协同度与其协同效应正相关
H5 - 6	主体质量通过企业集成系统集成力正向影响其协同度
H5 - 7	心理距离通过企业集成系统集成力负向影响其协同度
H5 - 8	环境通过企业集成系统集成力正向影响其协同度
H5 - 9	企业集成系统集成力通过其协同度正向影响协同效应

本节所提出的基本假说是"集成力与协同度存在正相关关系，即集成力越大，协同度越高"。因此，本节主要探讨集成力与协同度之间的关系。集成力构面（维度）中包含主体质量、心理距离和环境。根据协同行为过程规律模型，协同度受到七个因素的影响，其构面（维度）包括协同目标、协同

手段、协同能力、协同公平、协同效价、协同期望和协同环境。此外，根据前面分析，协同效应包含内在心理一致性、外在行为有序性两个子构面（维度）。由以上 16 个相关假说构建集成力与协同度的关系模型如图 5－2 所示。

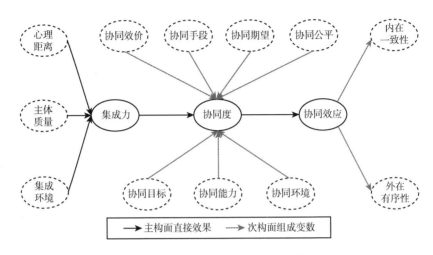

图 5－2　集成力与协同度的关系模型

5.2.3　研究设计

5.2.3.1　研究方法

本书将采用专家调查、实地调查和问卷调查相结合的方式检验集成力、协同度与协同效应之间的关系，这三种方式均为发掘事实情况的研究方式。

5.2.3.2　研究对象与抽样方法

（1）研究对象。根据研究需要，本书对 2022 年福建省百强企业进行研究。福建省百强作为福建省企业发展的领头羊，不仅代表了福建省最具实力的企业，也是与世界一流企业接轨的桥梁。因此，本书的研究对象是这些百强企业的业务骨干人员和主要管理者。

（2）抽样设计。本书采用立意抽样法对样本进行抽样。立意抽样定义为根据研究者的个人主观判断去选择最适合研究目的的样本。立意抽样法又被称为判断抽样或主观抽样，主要是根据研究者的主观印象、过去的经验和对调查对象的理解与了解来选取样本的方法。当对总体情况较为熟悉的时候使用此抽样法所选择的样本具有较高的代表性。本书的研究主要是从业务骨干以及管理者的角度去探究企业集成系统的集成力、协同度以及协同效应，因此本书充分运用调查样本的已知资料和对总体情况的了解进行抽样设计。

5.2.3.3　变量测度

本书问卷内容共分为两大部分，包括第一部分的集成力、协同度、协同效应的衡量以及第二部分的人口统计变项。

本书的测量量表主要是基于国内外学者已经验证并使用过的成熟量表，以确保信度和效度。同时，结合企业集成系统协同行为机理，并在与相关专家研讨和预调研的基础上进行调整与优化，共得到三个量表，即集成力测量量表、协同度测量量表、协同效应测量量表。

（1）集成力量表的操作性定义及衡量。根据前面的分析与假说（H5-1~H5-3），并结合国内外相关成熟量表，得到操作性定义与测量量表，具体如下。

①集成力。集成力最终表现为各主体间的内在凝聚力、吸引力、结合力以及感知力等。只有相互认可、相互吸引的双方，才有可能聚集在一起，进而形成集成关系。

②主体质量。主体质量是指企业集成系统中协同行为主体所有能力或实力的综合表现。

③心理距离。心理距离是各协同行为主体间协作关系的密切程度或是情感上的契合程度。心理距离越短，协作关系越紧密；反之，亦然。

④环境。环境主要包括政治因素、经济因素、社会因素、技术因素等以及具体环境中的相关因素。需要说明的是，协同环境与集成环境是等价的。因此，本书用环境替代两者进行表述。

衡量方式采用李克特五点尺度量①表进行衡量，由（1）非常不同意至

---

① 亓莱滨. 李克特量表的统计学分析与模糊综合评判［J］. 山东科学, 2006, 19（2）: 18-23.

（5）非常同意，共有20题项，如表5-2所示。

表5-2　　　　　　　　　　　　集成力衡量变项

构面	编码	题项	文献来源
集成力	A1	我/我们与合作方之间相互认可	吴秋明（2014）；邱栋（2016）；雒永信（2006）
	A2	我/我们与合作方之间团结奋进	
	A3	我/我们与合作方之间融为一体	
主体质量	B1	我/我们外在状况良好	吴秋明（2014）；白丽英（2015）；访谈调研
	B2	我/我们的知识储备和经历丰富	
	B3	我/我们善于与人合作	
	B4	我/我们在社会上有较高的美誉度	
	B5	我/我们具备完成任务的能力与资源	
心理距离	C1	我/我们对合作方提供的信息完全相信	Salzmann & Grasha（1991）；Trope（2010）；白丽英（2015）；访谈调研
	C2	我/我们与合作方之间的口头承诺会被遵守	
	C3	我/我们会考虑合作方的利益和感受	
	C4	出现危机时，我/我们与合作方之间会相互支持	
	C5	我/我们与合作方之间建立了长期、紧密的合作关系	
集成环境	D1	政府营商法治体系健全完善	吴秋明（2004）；Johnson & Scholes（1999）；访谈调研
	D2	政府政策鼓励与支持企业开展合作	
	D3	经济的发展提供了广阔的合作空间	
	D4	社会具有浓厚的合作文化氛围	
	D5	先进的技术为开展合作提供了便利的手段	
	D6	我/我们所在组织具备合作所需的软硬件设施	
	D7	我/我们所在组织有完善的合作机制	

（2）协同度量表的操作性定义及衡量。同样地，根据前面的分析与假说（H3-1~H3-7），并结合国内外相关成熟量表，得到操作性定义与测量量表，具体如下。

①协同效价。协同效价是各协同行为主体认为合作是有价值、有意义、很重要的。

②协同手段。协同手段是各协同行为主体对合作的实现形式、内容、过程的认知。因此，本书主要从协同手段的认知度和过去合作经历进行设置协同手段的测量题项。

③协同期望。协同期望主要是各方对协作事项、合作行为本身以及合作方式等方面的成功概率评估，同时还表现在整合增效、资源互补等方面。

④协同能力。协同能力主要由一般能力和特殊能力构成，是实现目标的综合能力，通常表现为沟通能力、判断分析能力、资源能力等方面。

⑤协同目标。协同目标主要表现为目标（包含任务、战略等）的清晰具体、认知一致等方面。

⑥协同公平。前已述及，协同公平主要表现在结果公平、过程公平以及关系公平。

⑦协同环境。本书认为，协同环境与集成环境是等价的，集成环境已在集成力测量表中提及，在此就不再赘述。

⑧协同度。企业集成系统协同度是系统中各协同行为主体在协作过程中，彼此之间心理上、行为上和谐一致的程度。

衡量方式则采用李克特五点尺度量表进行衡量，共有 42 个问项，如表 5 - 3 所示。

表 5 - 3　　　　　　　　　　协同度衡量变项

构面	编码	题项
协同效价	E1	合作事项对我/我们来说是很重要的
	E2	通过合作，我/我们能更有效地实现目标
	E3	我/我们认为合作优于不合作
	E4	合作经历能够提升我/我们的能力，带来更大的竞争优势
	E5	通过合作，我/我们的效益能得到提高
	E6	合作事项的完成能够满足我/我们的需求
文献来源：Fishbein 等（1975）；Das 和 Teng（2000）；王小美（2010）		
协同手段	F1	我/我们对合作的实现形式、过程、方法有深入的了解
	F2	我/我们很清楚合作过程中双方所扮演的角色与分工
	F3	我/我们对过去合作方式是认可的
文献来源：Simonin（1997）；Zollo（2002）		
协同期望	G1	我/我们认为合作事项是能够成功的
	G2	我/我们认为相互间的合作是能够成功的
	G3	我/我们认为所采用的协作方式能够顺利完成合作

构面	编码	题项
协同期望	G4	当前环境，我/我们认为合作将有利于实现整合增效
	G5	我/我们认为通过合作能达到资源或能力互补
	G6	我/我们认为合作可以提高效率
	G7	我/我们认为合作会带来效益增加或技术改进
	文献来源：陈劲（2012）；Hansenm（1999）；访谈调研	
协同能力	H1	我/我们能够与他人有效地进行沟通交流
	H2	我/我们能清楚地表达想法与理解他人想法，并作出分析和判断
	H3	我/我们具备完成任务或目标所需的能力，并且是互补的
	H4	我/我们具备完成任务或目标所需的资源，并且是互补的
	文献来源：邹志勇等（2008）；赵慧娟（2015）	
协同目标	I1	我/我们清晰具体地知道合作的任务目标是什么
	I2	我/我们与合作方对目标的认知是一致的，并能够及时纠偏
	I3	我或我们清晰具体地知道合作的战略目标是什么
	文献来源：Vancouver 等（1994）；访谈调研	
协同公平	J1	合作过程中，我/我们与合作方地位平等
	J2	合作过程中，我/我们与合作方互惠互利
	J3	我/我们认为与合作方之间的利益分配是公平、合理的
	J4	我/我们与合作方是共同参与制订协作规则与政策，并表示充分认可
	文献来源：Colquitt（2001）；Barnard（1938）；刘玉新（2011）；牟临杉（2006）	
协同环境	D1	政府营商法治体系健全完善
	D2	政府政策鼓励与支持企业开展合作
	D3	经济的发展提供了广阔的合作空间
	D4	社会具有浓厚的合作文化氛围
	D5	先进的技术为开展合作提供了便利的手段
	D6	我/我们所在组织具备合作所需的软硬件设施
	D7	我/我们所在组织有完善的合作机制
	文献来源：吴秋明（2004）；Johnson & Scholes（1999）；访谈调研	
协同度	M1	我/我们与合作方之间的向心程度
	M2	我/我们与合作方之间的价值认同程度
	M3	我/我们与合作方之间的人际和谐程度
	M4	我/我们与合作方之间的协作意愿程度

构面	编码	题项
协同度	M5	我/我们与合作方之间的任务协作程度
	M6	我/我们与合作方之间的沟通顺畅程度
	M7	我/我们与合作方之间的资源互补程度
	M8	我/我们与合作方之间的利益共享程度
	文献来源：Dess（1987）；Prescott 等（1990）；施锦华（2007）；李海等（2009）	

（3）协同效应量表的操作性定义及衡量。协同效应主要有心理效应、整合效应、互补效应以及学习效应，它们体现为内在心理一致性与外在行为有序性，最终实现 $1+1>2$ 的效果。因此，根据上面的分析与假说（H5~4~H5-9），并结合国内外相关成熟量表，其操作性定义与测量量表具体如下：

①内在心理一致性。内在心理一致性是指协同行为主体之间在情感上的认同与态度上的一致，即动机的一致性，表现为协同效价一致、协同手段认知一致和协同期望一致。

②外在行为有序性。外在行为有序性是为了完成目标，协同行为主体间在资源、知识、信息共享的基础上进行分工协作，表现为步调一致或无缝衔接，进而实现技术创新或价值创造。

衡量方式采用李克特五点尺度量表进行衡量，共有 8 个问项，如表 5-4 所示。

表 5-4　　　　　　　　　　协同效应衡量变项

构面	编码	题项	文献来源
内在心理	K1	我/我们与合作方在协作的重要性上达成一致	郑君君等（2017）；钱雨等（2015）；访谈调研
	K2	我/我们与合作方对协作手段的认知达成一致	
	K3	我/我们与合作方对协作的成功充满信心	
	K4	我/我们与合作方认为合作绩效能够满足需求	
外在行为	L1	我/我们与合作方之间实现行动一致	胡洁（2012）；解学梅等（2012）；访谈调研
	L2	我/我们与合作方之间实现资源优势互补	
	L3	我/我们与合作方之间实现信息共享	
	L4	我/我们与合作方之间实现技术创新或价值创造	

（4）人口统计变项。本书参考巴洛格鲁（Baloglu，2009）及康尼克

（Konenik，2006）的人口统计衡量问项，包含性别、年龄、教育程度、任职级别、企业类型、合作时间六项，如表 5 - 5 所示。

表 5 - 5　　　　　　　　　　人口统计衡量变项

性别	年龄	教育程度	任职级别	合作时间	企业类型
（1）男	（1）18 ~ 30 岁	（1）中专	（1）普通员工	（1）0 ~ 6 个月	（1）国有企业
（2）女	（2）31 ~ 45 岁	（2）大学	（2）中层管理者	（2）6 ~ 12 个月	（2）私营企业
	（3）46 ~ 60 岁	（3）硕士	（3）高层管理者	（3）1 ~ 2 年	（3）股份制企业
	（4）61 岁以上	（4）博士		（4）2 ~ 3 年	（4）其他
				（5）3 年以上	

5.2.3.4　问卷前测

本书预计问卷分为集成力、协同度及协同效应三个量表，共 63 个题项，人口统计资料为 5 个题项。在学者专家效度问卷方面，经由福州大学、福建师范大学、厦门大学的五位教授修改评量。以电子邮件方式请专家对量表的题意表达、构面切适度等进行修正。

在预计样本抽样上，本书首先以部分福建省百强企业作为研究样本，并在实施调查前，通过电话等方式事先联络各个企业的领导，在获得同意调查后，采用立意抽样方式，对企业的主要管理人员和业务骨干进行问卷调查。同时，也借助福州大学、福建师范大学等高校的 MBA、MPA 等课堂资源，有针对性地对其学员进行发放问卷，前测样本抽样施测期间为 2022 年 9 月 25 日至 10 月 25 日。问卷总计发出 305 份，回收有效问卷 292 份。以下为分析结果。

（1）集成力量表。分析结果发现，测量变项的偏态值都介于 - 0.67 ~ 0.14 之间。克兰（Kline，1998）提出，偏态值介于 + 1 和 - 1 之间属于常态分配（正态分布），若变项的偏态值大于 3，则视为极度偏态。此量表各题项皆符合指标，如表 5 - 6 所示。

（2）协同度量表。分析结果发现，测量变项的偏态值都介于 - 0.65 ~ 0.15 之间，属于常态分配。此量表各题项皆符合指标，如表 5 - 7 所示。

表 5 - 6　　　　　　　　集成力衡量项目分析（预测问卷）

潜变量	内容	均值	标准差	偏态
集成力	A1	3.48	1.07	-0.57
	A2	3.46	1.06	-0.40
	A3	3.42	1.09	-0.67
主体质量	B1	3.29	0.97	-0.62
	B2	3.19	0.91	-0.31
	B3	3.03	0.98	0.07
	B4	3.14	0.99	-0.09
	B5	3.14	0.98	-0.35
心理距离	C1	3.08	1.37	-0.15
	C2	3.02	1.42	-0.07
	C3	3.07	1.44	-0.22
	C4	3.05	1.38	-0.04
	C5	2.94	1.27	0.14
集成环境	D1	3.09	1.18	-0.40
	D2	3.05	1.18	-0.28
	D3	3.12	1.14	-0.28
	D4	3.06	1.08	-0.21
	D5	2.98	1.06	-0.21
	D6	2.97	1.07	-0.03
	D7	3.04	1.13	-0.29

表 5 - 7　　　　　　　　协同度衡量项目分析（预测问卷）

潜变量	内容	均值	标准差	偏态
协同效价	E1	3.39	1.20	-0.13
	E2	3.48	1.06	-0.15
	E3	3.47	1.10	-0.14
	E4	3.14	1.36	-0.11
	E5	3.07	1.31	-0.13
	E6	3.08	1.34	-0.10
协同手段	F1	3.06	1.45	-0.21
	F2	3.12	1.26	-0.17
	F3	3.08	1.35	-0.25

续表

潜变量	内容	均值	标准差	偏态
协同期望	G1	2.80	1.16	−0.08
	G2	3.00	1.09	−0.10
	G3	2.93	1.01	0.02
	G4	2.92	1.15	−0.25
	G5	3.14	1.32	−0.29
	G6	3.16	1.29	−0.25
	G7	3.06	1.29	−0.26
协同能力	H1	3.09	1.19	−0.51
	H2	2.88	1.11	−0.34
	H3	2.73	1.11	0.15
	H4	3.04	1.09	−0.56
协同目标	I1	3.10	1.24	−0.42
	I2	3.01	1.20	−0.13
	I3	3.07	1.27	−0.26
协同公平	J1	3.26	1.28	−0.65
	J2	3.04	1.23	−0.24
	J3	3.09	1.18	−0.40
	J4	3.03	1.31	−0.22
协同环境	D1	3.09	1.18	−0.40
	D2	3.05	1.18	−0.29
	D3	3.12	1.15	−0.28
	D4	3.06	1.08	−0.22
	D5	2.98	1.06	−0.22
	D6	2.97	1.08	−0.04
	D7	3.04	1.14	−0.29
协同度	M2	3.48	1.10	−0.22
	M3	3.47	1.36	−0.13
	M4	3.14	1.31	−0.22
	M5	3.07	1.15	−0.14
	M6	3.48	1.32	−0.11
	M7	3.47	1.29	−0.13
	M8	3.14	1.29	−0.14

（3）协同效应量表。分析结果发现，测量变项的偏态值都介于 -0.51 ~ -0.01 之间，属于常态分配。此量表各题项皆符合指标，如表 5 - 8 所示。

表 5 - 8　　　　　　　协同效应衡量项目分析（预测问卷）

潜变量	内容	均值	标准差	偏态
内在心理	K1	3.08	1.19	-0.19
	K2	3.17	1.12	-0.21
	K3	3.08	1.18	-0.01
	K4	3.22	1.19	-0.33
外在行为	L1	3.09	1.23	-0.37
	L2	3.08	1.15	-0.28
	L3	3.22	1.19	-0.36
	L4	3.29	1.27	-0.51

（4）集成力因素、信度分析。分析结果发现，此量表均符合各项指标，如表 5 - 9 所示。

表 5 - 9　　　　　　　集成力因素、信度分析（预测问卷）

题项	因素			
	集成力	主体质量	心理距离	集成环境
A1	0.931			
A2	0.934			
A3	0.929			
B1		0.771		
B2		0.799		
B3		0.766		
B4		0.805		
B5		0.833		
C1			0.921	
C2			0.932	
C3			0.943	
C4			0.921	
C5			0.802	
D1				0.829

题项	因素			
	集成力	主体质量	心理距离	集成环境
D2				0.845
D3				0.814
D4				0.856
D5				0.867
D6				0.729
D7				0.826

（5）协同度因素、信度分析。分析结果发现，此量表均符合各项指标，如表5－10所示。

表5－10　　　　　　　　协同度因素、信度分析（预测问卷）

题项	因素							
	协同效价	协同手段	协同期望	协同能力	协同目标	协同公平	协同环境	协同度
E1	0.813							
E2	0.767							
E3	0.831							
E4	0.823							
E5	0.812							
E6	0.782							
F1		0.935						
F2		0.958						
F3		0.965						
G1			0.813					
G2			0.767					
G3			0.831					
G4			0.823					
G5			0.812					
G6			0.782					

续表

题项	因素							
	协同效价	协同手段	协同期望	协同能力	协同目标	协同公平	协同环境	协同度
G7			0.790					
H1				0.843				
H2				0.903				
H3				0.852				
H4				0.891				
I1					0.926			
I2					0.942			
I3					0.915			
J1						0.921		
J2						0.915		
J3						0.912		
J4						0.821		
D1							0.829	
D2							0.845	
D3							0.814	
D4							0.856	
D5							0.867	
D6							0.729	
D7							0.826	
M1								0.819
M2								0.899
M3								0.874
M4								0.816
M5								0.815
M6								0.874
M7								0.826
M8								0.826

（6）协同效应因素、信度分析。分析结果发现，此量表均符合各项指标，如表 5 - 11 所示。

表 5 - 11　　　　　　协同效应因素、信度分析（预测问卷）

题项	因素	
	内在心理	外在行为
K1	0.890	
K2	0.914	
K3	0.885	
K4	0.917	
L1		0.885
L2		0.909
L3		0.912
L4		0.916

5.2.3.5　资料分析方法

本书使用 AMOS 24.0、SPSS 22.0 及 STATA 10.0 计算机统计软件进行资料分析，主要采用的分析方法有描述性统计分析、信效度分析、单因子变异数分析、积差相关分析等。分析方法叙述如下。

（1）描述性统计分析。描述性统计分析是对一组资料的特征进行分析，以便于描述测量样本及所代表总体的各种特征，如常用的平均数、标准差、中位数、正态或偏态程度等。描述性统计分析是后续复杂统计分析的基础，将问卷样本进行单一变数之间的描述分析，并利用次数分配的方式以便了解受访者的分布情况。

（2）信效分析。信度即（可靠性）是指采用同样的方法对测量资料进行重复的测试所得结果的内部一致性。Cronbach's alpha 是目前最常用的信度系数，本书以 Cronbach's alpha 系数检查问卷中的各个因子间衡量变数的内部一致性程度，若 Cronbach's alpha 的系数大于 0.7，则表示内部一致性高。

效度即有效性，是指测量工具或者手段是否能够真正、准确地衡量出研究者想要衡量的问题。根据研究目的、内容与范围检定所做研究的衡量变项是否有效。效度一般分为内容效度、建构效度。内容效度即量表的内容是否涵盖了所要衡量的构面及内容的切实性。建构效度表示构面是否能够真实地反映出实际状况，包含收敛效度和鉴别效度。本书邀请了五位管理学领域的专家学者进行了内容效度的检核，同时也运用了验证性因素分析对每个衡量构面进行收敛效度与鉴别效度的检验。

（3）单因子变异数分析。单因子变异数分析是用来检定独立群体的一种统计方法。本书利用单因子变异数分析，分析人口统计变数在集成力、协同度及协同效应各构面中是否有显著的差异。本书针对研究假说进行检定，$p < 0.05$ 为显著水平。若检定结果未达到显著水平，则以雪费法进行事后检定，从而找出整体考验下的各种组合效果。

5.2.3.6　正式施测

本书采用立意抽样方法，选取 2022 年中国福建省百强企业作为研究样本，并在实施调查前，通过电话与电子邮件方式，同时也借助福州大学和福建师范大学等 MBA、EMBA 学员资源，事先联络各个企业负责行政管理事务的分管领导及办公室主任，询问其配合调查的意愿，在获得同意后采用便利抽样方式，对百强企业的主要管理人员和业务骨干进行问卷调查，每份问卷都附上信封，便于抽样对象填妥后装放，以保证问卷的隐私性。在 2022 年 10 月 30 日至 2023 年 1 月 15 日之间，在福建省百强企业进行发放。本书一共发放了 800 份问卷，回收 596 份，剔除其中填答不完整、不确实的样本共 33 份，可用问卷为 563 份，有效回收率 70.37%。

5.2.3.7　数据整理与叙述性统计分析

（1）样本资料的叙述性统计。本书人口基本资料分布情形如表 5 - 12 所示。在 563 份的有效样本中，男性有 290 人，占比为 51.51%；女性有 273 人，占比为 48.49%。在年龄的分布上，18 ~ 30 岁的有 287 人，最多，占比为 50.98%；其次，31 ~ 45 岁的有 160 人，占比为 28.42%。教育程度方面，大学本科学历者，共有 297 人，人数最多，占比为 52.75%；其次，硕士学历者，168 人，占比为 29.84%。合作时长以 0 ~ 6 个月的合作时间为最多，为 250 人，占比为 44.40%；其次，6 ~ 12 个月为 192 人，占比为 34.10%。

企业类型中，私营企业 189 人为最多，占比为 33.57%；其次，国有企业为170 人，占比为 30.20%。

表 5-12　　　　　人口统计变项资料（单题）（N = 563）

变数	样本数	占比（%）	变数	样本数	占比（%）
性别			年龄		
男	290	51.51	小于 18 岁	0	0
女	273	48.49	18～30 岁	160	28.42
学历			31～45 岁	287	50.98
中专及以下	0	0	46～60 岁	96	17.05
大学	297	52.75	61 岁及以上	20	3.55
硕士	168	29.84	任职级别		
博士	98	17.41	普通员工	322	57.20
			中层管理者	163	28.95
合作时长			高层管理者	78	13.85
0～6 个月	16	2.85	企业类型		
6～12 个月	25	4.44	国有企业	170	30.20
1～2 年	80	14.21	私营企业	189	33.57
2～3 年	192	34.10	股份制企业	142	24.22
3 年以上	250	44.40	其他	62	11.01

（2）集成力、协同度、协同效应的叙述性统计。本书针对变项的平均数、标准差与偏态等分配情况进行分析，以了解衡量变项的特性。本书采用李克特五点尺度为衡量方式，分析结果如下。

①集成力。本量表各问项间平均数为 2.80～3.62、标准差为 0.99～1.41、偏态为 -0.65～0.09，如表 5-13 所示。统计结果显示，管理者对于"我们之间的矛盾或冲突较少"选项（3.62）最认同，而对于"我们之间建立了长期的合作关系"选项（2.80）则最不认同。

表 5-13　　　　　集成力衡量项目分析（正式问卷）

潜变量	内容	均值	标准差	偏态
集成力	A1	3.37	1.13	-0.49
	A2	3.62	1.25	-0.65
	A3	3.36	1.13	-0.59

续表

潜变量	内容	均值	标准差	偏态
主体质量	B1	3.16	1.04	-0.40
	B2	3.03	0.99	-0.30
	B3	2.88	1.02	0.042
	B4	3.05	1.05	-0.04
	B5	3.02	1.01	-0.20
心理距离	C1	2.91	1.41	-0.02
	C2	2.88	1.36	0.04
	C3	2.91	1.38	-0.01
	C4	2.92	1.38	0.06
	C5	2.80	1.31	0.12
集成环境	D1	2.92	1.24	-0.05
	D2	3.05	1.34	0.02
	D3	2.92	1.22	-0.02
	D4	3.06	1.12	-0.15
	D5	2.97	1.11	-0.12
	D6	2.92	1.12	0.09
	D7	3.00	1.20	-0.10

②协同度。本量表各问项间平均数为 2.84～3.41、标准差为 0.99～1.50、偏态为 -0.68～0.09，如表 5-14 所示。统计结果显示，企业人员对于"我或我们与对方合作能更有效地实现目标"选项（3.41）最认同，而对"我或我们具备完成任务或目标所需的能力，并且是互补的"选项（2.84）则最不认同。

表 5-14　　　　协同度衡量项目分析（正式问卷）

潜变量	内容	均值	标准差	偏态
协同效价	E1	3.27	1.36	-0.40
	E2	3.41	1.30	-0.47
	E3	3.31	1.22	-0.43
	E4	3.11	1.33	-0.13
	E5	3.05	1.29	-0.07
	E6	3.00	1.35	0.01

潜变量	内容	均值	标准差	偏态
协同手段	F1	3.10	1.50	-0.19
	F2	3.13	1.28	-0.20
	F3	3.10	1.34	-0.19
协同期望	G1	2.87	1.11	-0.22
	G2	3.05	1.13	-0.22
	G3	2.97	0.99	-0.02
	G4	3.02	1.02	-0.38
	G5	3.09	1.27	-0.20
	G6	3.15	1.30	-0.17
	G7	3.18	1.35	-0.25
协同能力	H1	3.04	1.24	-0.38
	H2	2.84	1.13	-0.14
	H3	2.85	1.16	-0.12
	H4	3.04	1.17	-0.37
协同目标	I1	2.94	1.36	-0.11
	I2	2.86	1.22	-0.03
	I3	2.92	1.22	-0.01
协同公平	J1	3.28	1.31	-0.68
	J2	3.06	1.14	-0.30
	J3	3.02	1.15	-0.28
	J4	3.12	1.30	-0.30
协同环境	D1	2.92	1.24	-0.05
	D2	3.05	1.35	0.02
	D3	2.92	1.23	-0.03
	D4	3.06	1.12	-0.15
	D5	2.97	1.11	-0.12
	D6	2.92	1.13	0.09
	D7	3.00	1.21	-0.10
协同度	M1	3.33	1.13	-0.18
	M2	3.19	1.16	-0.22
	M3	3.06	1.13	-0.13

续表

潜变量	内容	均值	标准差	偏态
	M4	3.32	1.17	-0.42
	M5	3.39	1.12	-0.47
协同度	M6	3.26	1.16	-0.13
	M7	3.18	1.13	-0.32
	M8	3.03	1.11	-0.24

③协同效应。本量表各问项间平均数为 2.97 ~ 3.21，标准差为 1.16 ~ 1.33，偏态为 -0.08 ~ 0.03，如表 5 - 15 所示。统计结果显示，企业人员对于"我们共享技术，并对前后工序进行整合"选项（3.21）最认同，而对"我们实现了知识的共享与转化"选项（2.97）则最不认同。

表 5 - 15　　　　协同效应衡量项目分析（正式问卷）

潜变量	内容	均值	标准差	偏态
	K1	2.99	1.29	-0.08
内在心理	K2	3.14	1.27	-0.10
	K3	3.10	1.31	0.03
	K4	3.10	1.33	-0.14
	L1	3.05	1.31	-0.21
外在行为	L2	2.97	1.16	-0.07
	L3	3.13	1.29	-0.20
	L4	3.21	1.30	-0.31

5.2.4　信效度分析

本书利用结构方程模型的测量信效度指标——潜在变项的组成信度 CR 值、潜在构念的平均变异抽取量 AVE 值、特征值、累积解释变异量及 Cronbach's alpha 值来检测模型的信效度。分析结果如下。

5.2.4.1　信度分析

本书运用 SPSS 22.0 进行信度分析，表 5 - 16、表 5 - 17、表 5 - 18 中数

据显示 Cronbach's alpha 值皆大于 0.8，说明了本书使用的整体测量指标具有良好的信度，量表具有较高的内部一致性。具体如下。

（1）集成力构面的信度分析。本量表根据专家学者的审查修改而成，共有四个分量表，包括集成力，Cronbach's alpha 值为 0.982；主体质量，Cronbach's alpha 值为 0.979；心理距离 Cronbach's alpha 值为 0.951；环境 Cronbach's alpha 值为 0.952；统计结果的总量表 Cronbach's alpha 值为 0.947，属于高信赖程度，如表 5-16 所示。

表 5-16 集成力构面的信度分析（正式问卷）

题项	因素			
	集成力	主体质量	心理距离	集成环境
A1	0.790			
A2	0.825			
A3	0.845			
B1		0.705		
B2		0.788		
B3		0.777		
B4		0.778		
B5		0.792		
C1			0.899	
C2			0.888	
C3			0.899	
C4			0.884	
C5			0.807	
D1				0.827
D2				0.829
D3				0.846
D4				0.797
D5				0.795
D6				0.844
D7				0.795
因素 Cronbach's alpha 系数	0.982	0.979	0.951	0.952
量表 Cronbach's alpha 系数	0.947			

（2）协同度的信度分析。本量表经专家学者审查修改而成，共有八个分量表，包括协同效价，Cronbach's alpha 值为 0.900；协同手段，Cronbach's alpha 值为 0.920；协同期望，Cronbach's alpha 值为 0.919；协同能力，Cronbach's alpha 值为 0.929；协同目标，Cronbach's alpha 值为 0.906；协同公平，Cronbach's alpha 值为 0.894；协同环境，Cronbach's alpha 值为 0.952；协同度，Cronbach's alpha 值为 0.908；总量表 Cronbach's alpha 值为 0.923。依统计结果来看，此八个分量表皆拥有较高的内部一致性程度，Cronbach's alpha 值为 0.923，如表 5 - 17 所示。

表 5 - 17　　　　　　　　协同度的信度分析（正式问卷）

题项	因素							
	协同效价	协同手段	协同期望	协同能力	协同目标	协同公平	协同环境	协同度
E1	0.893							
E2	0.867							
E3	0.842							
E4	0.851							
E5	0.857							
E6	0.844							
F1		0.929						
F2		0.951						
F3		0.947						
G1			0.788					
G2			0.781					
G3			0.795					
G4			0.794					
G5			0.817					
G6			0.812					
G7			0.787					
H1				0.867				
H2				0.891				
H3				0.887				
H4				0.875				

续表

题项	因素							
	协同效价	协同手段	协同期望	协同能力	协同目标	协同公平	协同环境	协同度
I1					0.896			
I2					0.913			
I3					0.899			
J1						0.893		
J2						0.904		
J3						0.931		
J4						0.926		
D1							0.827	
D2							0.829	
D3							0.846	
D4							0.797	
D5							0.795	
D6							0.844	
D7							0.795	
M1								0.815
M2								0.872
M3								0.814
M4								0.853
M5								0.854
M6								0.823
M7								0.882
M8								0.802
因素 Cronbach's α 系数	0.900	0.920	0.919	0.929	0.906	0.894	0.952	0.908
量表 Cronbach's α 系数	0.923							

（3）协同效应的信度分析。本量表根据专家学者审查修改而成，共有两个分量表，包括内在心理，Cronbach's alpha 值为 0.921；外部行为，Cronbach's alpha 值为 0.941；总量表的 Cronbach's alpha 值为 0.933。统计结果显示，此两个分量表皆拥有较高的内部一致性程度，如表 5 – 18 所示。

表 5 – 18　　　　　　　　协同效应之信度分析（正式问卷）

题项	因素	
	内在心理	外在行为
K1	0.895	
K2	0.916	
K3	0.912	
K4	0.911	
L1		0.895
L2		0.884
L3		0.900
L4		0.910
因素 Cronbach's α 系数	0.921	0.941
量表 Cronbach's α 系数	0.933	

5.2.4.2　效度分析

潜在变量的效度分析主要是看组合信度 CR 值及平均变异抽取量 AVE 值。潜在变量的组合信度由所有的测量变项信度组成。潜在变量的平均变异抽取量是计算潜在变项之间各个测量变项对于该潜在变项的平均解释能力。CR 值和 AVE 值越高，则表示该潜在变项拥有越高的收敛效度。由表 5 – 19、表 5 – 20 与表 5 – 21 中可知，AVE 值均大于 0.5，CR 值均大于 0.7，因子载荷系数（factor loading）值大于 0.7，说明具有良好的收敛效度。

AVE 的平方根大于该构面与其他构面的相关系数，表明具有良好的区分效度。本书各变量 AVE 平方根取值如表 5 – 19，表 5 – 20 和表 5 – 21 所示。变量间相关系数矩阵如表 5 – 22 所示。可以看出，所有潜变量的 AVE 平方根均大于标准化相关系数值，说明具有良好的区别效度。

表 5 – 19　　　　　　　　集成力构面效度分析（正式问卷）

因素	衡量变项	Factor loading	AVE	CR	$\sqrt{AVE}$
集成力	A1	0.790	0.688	0.8686	0.829
	A2	0.825			
	A3	0.845			

续表

因素	衡量变项	Factor loading	AVE	CR	$\sqrt{AVE}$
主体质量	B1	0.705	0.5908	0.8782	0.769
	B2	0.788			
	B3	0.777			
	B4	0.778			
	B5	0.792			
心理距离	C1	0.899	0.7675	0.9428	0.876
	C2	0.888			
	C3	0.899			
	C4	0.884			
	C5	0.807			
集成环境	D1	0.827	0.6712	0.9346	0.819
	D2	0.829			
	D3	0.846			
	D4	0.797			
	D5	0.795			
	D6	0.844			
	D7	0.795			

表 5-20　　　　　　　协同度效度分析（正式问卷）

因素	衡量变项	Factor loading	AVE	CR	$\sqrt{AVE}$
协同效价	E1	0.893	0.7379	0.9441	0.859
	E2	0.867			
	E3	0.842			
	E4	0.850			
	E5	0.857			
	E6	0.844			
协同手段	F1	0.929	0.8881	0.9597	0.942
	F2	0.951			
	F3	0.947			
协同期望	G1	0.788			
	G2	0.780			

因素	衡量变项	Factor loading	AVE	CR	$\sqrt{AVE}$
协同期望	G3	0.795	0.631	0.923	0.794
	G4	0.794			
	G5	0.817			
	G6	0.811			
	G7	0.787			
协同能力	H1	0.867	0.7745	0.9321	0.880
	H2	0.891			
	H3	0.887			
	H4	0.875			
协同目标	I1	0.904	0.8472	0.9433	0.920
	I2	0.931			
	I3	0.926			
协同公平	J1	0.896	0.8105	0.9448	0.900
	J2	0.913			
	J3	0.899			
	J4	0.893			
协同环境	D1	0.827	0.6712	0.9346	0.819
	D2	0.829			
	D3	0.846			
	D4	0.797			
	D5	0.795			
	D6	0.844			
	D7	0.795			
协同度	M1	0.815	0.7088	0.9503	0.841
	M2	0.872			
	M3	0.814			
	M4	0.853			
	M5	0.854			
	M6	0.823			
	M7	0.882			
	M8	0.802			

表 5 - 21 协同效应效度分析（正式问卷）

因素	衡量变项	Factor loading	AVE	CR	$\sqrt{AVE}$
内在心理	K1	0.895	0.8254	0.9498	0.908
	K2	0.916			
	K3	0.912			
	K4	0.911			
外在行为	L1	0.895	0.8051	0.9429	0.897
	L2	0.884			
	L3	0.900			
	L4	0.910			

5.2.5 相关性分析

相关性分析是为了检验潜变量之间的相关性，进而验证结构方程模型[①]。相关系数体现不同潜变量之间的紧密型关系，若变量间的相关系数大于 0，表示两者正相关，而小于 0，则表示两者负相关[②]。本书利用 SPSS 22.0 检验变量间的相关性，结果如表 5 - 22 所示，其数据表明：

（1）集成力与协同度之间呈显著正相关关系；

（2）协同度与协同效应之间呈显著正相关关系；

（3）主体质量、环境与集成力之间呈显著正相关关系；

（4）心理距离与集成力之间呈显著负相关关系；

（5）协同效价、协同手段、协同期望、协同能力、协同目标、协同公平、环境与协同度之间呈显著正相关关系；

（6）协同效价、协同手段、协同期望、协同公平与心理距离之间呈显著负相关关系；

（7）协同能力、协同目标与主体质量之间呈显著正相关关系。

以上结果与预期研究假说一致。同时，也验证了集成力公式，即式（5 - 1）是成立的。

---

① 黄芳铭. 结构方程模式理论与应用 [M]. 北京：中国税务出版社，2005.
② 薛薇. 统计分析与 SPSS 的应用 [M]. 4 版. 北京：中国人民大学出版社，2014.

表 5 – 22　相关性分析

因素	主体质量	集成力	心理距离	环境	协同目标	协同手段	协同能力	协同公平	协同效价	协同期望	协同度	内在心理	外在行为
主体质量	1	0.618**	-0.178**	0.270**	0.330**	0.278**	0.257**	0.231**	0.300**	0.225**	0.231**	0.277**	0.274**
集成力	0.618**	1	-0.256**	0.328**	0.434**	0.383**	0.448**	0.351**	0.394**	0.317**	0.314**	0.349**	0.336**
心理距离	-0.178**	-0.256**	1	-0.509**	-0.537**	-0.565**	-0.481**	-0.582**	-0.580**	-0.550**	-0.542**	-0.603**	-0.646**
环境	0.270**	0.328**	-0.509**	1	0.624**	0.570**	0.532**	0.555**	0.657**	0.605**	0.603**	0.715**	0.736**
协同目标	0.330**	0.434**	-0.537**	0.624**	1	0.593**	0.695**	0.613**	0.663**	0.607**	0.601**	0.690**	0.737**
协同手段	0.278**	0.383**	-0.565**	0.570**	0.593**	1	0.575**	0.638**	0.631**	0.556**	0.524**	0.641**	0.692**
协同能力	0.257**	0.448**	-0.481**	0.532**	0.695**	0.575**	1	0.565**	0.616**	0.510**	0.505**	0.666**	0.700**
协同公平	0.231**	0.351**	-0.582**	0.555**	0.613**	0.638**	0.565**	1	0.675**	0.617**	0.611**	0.652**	0.713**
协同效价	0.300**	0.394**	-0.580**	0.657**	0.663**	0.631**	0.616**	0.675**	1	0.616**	0.610**	0.709**	0.732**
协同期望	0.225**	0.317**	-0.550**	0.605**	0.607**	0.556**	0.510**	0.617**	0.616**	1	0.632**	0.622**	0.679**
协同度	0.231**	0.314**	-0.542**	0.603**	0.601**	0.524**	0.505**	0.611**	0.610**	0.632**	1	0.642**	0.659**
内在心理	0.277**	0.349**	-0.603**	0.715**	0.690**	0.641**	0.666**	0.652**	0.709**	0.622**	0.642**	1	0.923**
外在行为	0.274**	0.336**	-0.646**	0.736**	0.737**	0.692**	0.700**	0.713**	0.732**	0.679**	0.659**	0.923**	1

注：** 在 0.01 水平（双侧）上显著相关。

5.2.6　结构方程分析

本书采用 SEM 分析方法，进一步探讨集成力、协同度及协同效应的因果关系。利用 AMOS 24.0 统计软件，验证各变项间的影响，并依据相关理论与文献，进行 SEM 分析。SEM 图中以 "→" 表示变数之间的因果关系，其起始处为回归方程模型预测变项，所指处为回归方程模型的校标变项。

5.2.6.1　整体模型分析

本书运用最大概似法进行参数估计，结构关系模型主构面概念模型如图 5-3 所示。

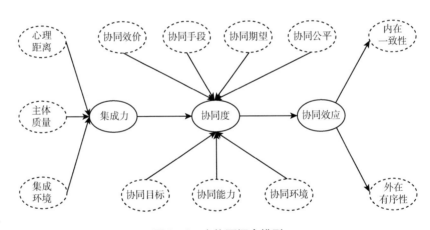

图 5-3　主构面概念模型

5.2.6.2　整体衡量模型分析

整体衡量模型为一种运用观察变项建构潜在变项的模型，在此阶段需进行验证性因素分析，其主要功能为界定潜在变数与观察变数之间的线性关系。衡量模型的评估指标可分为四种，即模型基本适合度、验证性因素分析、信度与收敛效度以及区别效度。

5.2.6.3 模型配适度分析

模型配适度的检验主要是对研究中建构的理论模型是否能够对实际观察所得的资料给予合理解释的判断，也是模型的整体效果。本书依据巴戈齐（Bagozz, 1988）、布朗（Browne, 1993）、秦（Chin, 1995）、海尔特（Hairet, 1998）及胡（Hu, 1999）所提出的标准，使用卡方值比率、GFI 值、AGFI 值、CFI 值、RMSEA 值检验模型配适度。使用 AMOS 24.0 软件分析后所得出的结果均达收敛效果。

（1）卡方值比率。卡方值比率为最基本的整体适合度衡量指标，其理想数值为 1 至 3 之间，并且卡方统计值对于样本数很大或很小都很敏感。本书所使用模型的卡方值比率（x^2/df）为 2.632，小于 3 为理想水平（Chin, 1995）。

（2）GFI 值。适合度指标（GFI）的数值介于 0 到 1 之间，1 代表很完美，0 代表很差。GFI 值愈高，则表示适合度情况越好。GFI 值最好在 0.9 以上。本书所使用模型的 GFI 值为 0.937，大于 0.9，显示模型整体配适度良好。

（3）AGFI 值。调整的适合度指标（AGFI）指用建议模型的自由度对虚无模型的自由度的比率来调整 GFI，为 GFI 的延伸。其数值越大，则表示越可被接受，AGFI 值最好大于 0.8（Doll, 1994）。本书所使用模型的 AGFI 值为 0.930，大于 0.8，显示了模型整体配适度良好。

（4）CFI 值。比较适合度指标（CFI）为修正标准适合度，将样本大小列入计算，其值最好大于 0.9，大于 0.9 则表示拥有良好的配适度。本书所使用模型的 CFI 值为 0.932，大于 0.9，表示本模型拥有良好配适度。

（5）RMSEA 值。渐进误差均方根（root mean square error of approxiamation, RMSEA）小于 0.08 则表示具有良好配适度（Hairet, 1998），而小于 0.05 则表示配适度非常良好（Browne, 1993）。本书所使用模型的 RMSEA 值为 0.065，表示模型配适度良好。

综合而言，本书所使用模型的各项指标都达到理想水平，表 5-23 对以上指标进行整理，数据显示，模型配适度为可接受并拥有良好整体效

果。显示此模型可以适当解释集成力、协同度、协同效应之间的关系理论
模式。

表 5 – 23	模型配适度	
评定标准	判断标准	数值
x^2/df	≤3.0	2.623
GFI	≥0.9	0.937
AGFI≥	≥0.9	0.930
CFI≥	≥0.9	0.932
RMSEA	≤0.05；0.05~0.08 为可接受标准	0.065

5.2.6.4 集成力、协同度及协同效应的关系模式分析

（1）通过评估模型内潜在的因变项的变异解释力（R）检定结构内个别
的因果路径，可以得出本书所提出假说的显著性，模式评估结果如图5－4
所示。

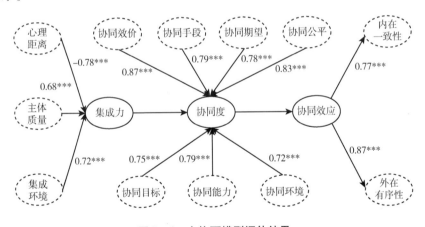

图 5 – 4　主构面模型评估结果

需要特别说明的是，就集成力构面而言，可以发现，心理距离对集成力
的影响最大，很好地解释了集成力公式中心理距离是以平方的形式出现的
原因。

（2）假说检定。

①主构面模型路径系数。本书经实证研究发现，集成力对协同度参数估

计值为 0.68，P 值为 0.00，达到显著水平，显示集成力对协同度有显著影响；主体质量对集成力参数估计值为 0.72，P 值为 0.00，达到显著水平，显示主体质量对集成力有显著影响；心理距离对集成力参数估计值为 -0.78，P 值为 0.00，达到显著水平，显示心理距离对集成力有显著影响；环境对集成力的参数估计值为 0.72，P 值为 0.00，达到显著水平，显示环境对集成力有显著影响；协同度对协同效应参数估计值为 0.98，P 值为 0.00，达到显著水平，显示协同度对协同效应有显著影响；协同效价对协同度参数估计值为 0.87，P 值为 0.00，达到显著水平，显示协同效价对协同度有显著影响；协同手段对协同度参数估计值为 0.75，P 值为 0.00，达到显著水平，显示协同手段对协同度有显著影响；协同期望对协同度参数估计值为 0.78，P 值为 0.00，达到显著水平，显示协同期望对协同度有显著影响；协同能力对协同度参数估计值为 0.75，P 值为 0.00，达到显著水平，显示协同能力对协同度有显著影响；协同目标对协同度参数估计值为 0.75，P 值为 0.00，达到显著水平，显示协同目标对协同度有显著影响；协同公平对协同度参数估计值为 0.72，P 值为 0.00，达到显著水平，显示协同公平对协同度有显著影响；协同环境对协同度参数估计值为 0.72，P 值为 0.00，达到显著水平，显示协同环境对协同度有显著影响。本书对主构面模型路径系数进行整理，如表 5-24 所示。

表 5-24　　　　　　　　　主构面模型路径系数

路径	标准化路径系数	标准误差	t 值	结论
H1：协同效价→协同度	0.87	0.065	8.323	成立
H2：协同手段→协同度	0.79	0.063	8.241	成立
H3：协同期望→协同度	0.78	0.065	8.798	成立
H4：协同能力→协同度	0.75	0.068	8.913	成立
H5：协同目标→协同度	0.75	0.068	8.443	成立
H6：协同公平→协同度	0.72	0.063	8.718	成立
H7：协同环境→协同度	0.72	0.065	8.742	成立
H8：主体质量→集成力	0.72	0.068	7.953	成立

路径	标准化路径系数	标准误差	t 值	结论
H9：心理距离→集成力	-0.78	0.063	8.543	成立
H10：集成环境→集成力	0.72	0.065	8.768	成立
H11：集成力→协同度	0.68	0.065	11.682	成立
H12：协同度→协同效应	0.98	0.066	14.038	成立

分析结果：H3 - 1 ~ H3 - 7 和 H5 - 1 ~ H5 - 5 成立并获得支持。

②中介效果检验。本书借助 AMOS 24.0 软件对所构建的模型进行路径和中介效应检验，中介效果通过 Bootstrap 方法检验，设置 Bootstrap 样本为 1000 进行运算。当95%的信赖区间（即前2.5%和后2.5%的临界值）中包含了数字0，则表示不显著，相反，则表示显著。研究结果表明，主体质量通过集成力正向影响协同度为显著（$\beta = 0.49$，$p < 0.001$；CI [0.40；0.55]）。心理距离通过集成力负向影响协同度为显著（$\beta = -0.57$，$p < 0.001$；CI[-0.67； -0.58]）。环境通过集成力正向影响协同度为显著（$\beta = 0.52$，$p < 0.001$；CI[0.45；0.60]）。集成力通过协同度正向影响协同效应为显著（$\beta = 0.63$，$p < 0.001$；CI[0.56；0.69]）。本书对中介结果模型系数结果进行整理，如表5 - 25 所示。

表5 - 25　　　　　　　　　　中介效应检验

路径假设	标准误差	估计值	Bias-corrected 95% CI		结论
			极小值	极大值	
H5 - 6：主体质量→协同度	0.04	0.49	0.40	0.55	成立
H5 - 7：心理距离→协同度	0.04	-0.57	-0.67	-0.48	成立
H5 - 8：集成环境→协同度	0.05	0.52	0.45	0.60	成立
H5 - 9：集成力→协同效应	0.05	0.63	0.56	0.69	成立

分析结果如下：

H5 - 6：主体质量通过集成力正向影响协同度成立并获得支持。

H5 - 7：心理距离通过集成力负向影响协同度成立并获得支持。

H5 - 8：集成环境通过集成力正向影响协同度成立并获得支持。

H5 - 9：集成力通过协同度正向影响协同效应成立并获得支持。

5.3　企业集成系统集成力与协同度分析结论

5.3.1　关于假说的验证分析结果

根据前面的论证分析，本书所提出的 16 个假说的验证结果如表 5 - 26 所示。

表 5 - 26　　　　　　　　　　16 个假说的验证结果

假说	内容	结果
H3 - 1	协同效价与企业集成系统协同度正相关	成立
H3 - 2	协同手段与企业集成系统协同度正相关	成立
H3 - 3	协同期望与企业集成系统协同度正相关	成立
H3 - 4	协同能力与企业集成系统协同度正相关	成立
H3 - 5	协同目标与企业集成系统协同度正相关	成立
H3 - 6	协同公平与企业集成系统协同度正相关	成立
H3 - 7	协同环境与企业集成系统协同度正相关	成立
H5 - 1	协同主体质量与企业集成系统集成力正相关	成立
H5 - 2	心理距离与企业集成系统集成力负相关	成立
H5 - 3	集成环境与企业集成系统集成力正相关	成立
H5 - 4	企业集成系统集成力与其协同度正相关	成立
H5 - 5	企业集成系统协同度与其协同效应正相关	成立
H5 - 6	主体质量通过企业集成系统集成力正向影响其协同度	成立
H5 - 7	心理距离通过企业集成系统集成力负向影响其协同度	成立
II5 - 8	集成环境通过集成力正向影响协同度	成立
H5 - 9	集成力通过协同度正向影响协同效应	成立

5.3.2　关于集成力构面与协同度构面的相关性分析结论

根据 5.2.5 节与 5.2.6 节的实证数据，得出集成力公式（5 - 1）中的三个子构面（主体质量、心理距离、环境）与企业集成系统协同度七个子构面

（协同效价、协同手段、协同期望、协同能力、协同目标、协同公平、协同环境）之间的相关性分析结论，具体如下：

（1）协同效价、协同手段、协同期望、协同公平与心理距离的相关性分析。根据企业集成系统协同行为机理分析，协同效价、协同手段、协同期望以及协同公平是企业集成系统发生协同行为的内在动力，即动机性因素。由表 5 - 27 可知，协同效价、协同手段、协同期望、协同公平分别与心理距离显著负相关。

表 5 - 27　协同效价、协同手段、协同期望、协同公平与心理距离的相关性

项目		心理距离 AVE	协同效价 AVE	协同手段 AVE	协同期望 AVE	协同公平 AVE
心理距离 AVE	Pearson 相关性	1				
	显著性（双侧）	0.000				
协同效价 AVE	Pearson 相关性	- 0.580 **	1			
	显著性（双侧）	0.000				
协同手段 AVE	Pearson 相关性	- 0.565 **	0.631 **	1		
	显著性（双侧）	0.000	0.000			
协同期望 AVE	Pearson 相关性	- 0.550 **	0.616 **	0.556 **	1	
	显著性（双侧）	0.000	0.000	0.000		
协同公平 AVE	Pearson 相关性	- 0.582 **	0.675 **	0.638 **	0.617 **	1
	显著性（双侧）	0.000	0.000	0.000	0.000	

注：** 表示在 0.01 水平（双侧）上显著相关。

此外，由前面实证结果分析可知，心理距离通过集成力负向影响协同度，而协同效价、协同手段、协同期望、协同公平分别与协同度正相关。因此，本书认为，为便于协同度的计算，可对协同效价、协同手段、协同期望、协同公平与心理距离进行聚类，如图 5 - 5 所示。

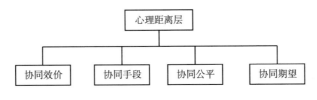

图 5 - 5　心理距离聚类结果树

（2）协同能力、协同目标与主体质量的相关关系分析结论。在企业集成系统协同行为过程中，各成员企业主体的协同能力与协同目标对主体质量具有不同层面的影响。首先，协同能力的强弱影响到协同行为主体完成任务、实现目标的效率，是主体质量的直接表现。程玮等（2016）和沈烈等（2017）通过实证研究提出，能力对行为主体的综合质量具有显著正向影响，并认为，通过提高协同行为主体的综合能力，将进一步增加实现目标的可能性。其次，目标认知是否清晰、角色知觉是否精确、努力方向是否正确关系到协同行为主体能力是否能够得到有效发挥，进而影响到协同行为主体实现目标的效果，是主体质量的间接表现。因此，协同能力越强、协同目标认知越清晰一致，协同行为主体完成任务的效率越高、效果越好，则表示主体质量越高。由表 5 - 28 可以看出，协同能力与协同目标分别与行为主体质量显著正相关。

表 5 - 28　　　　　　　协同能力、协同目标与主体质量的相关性

项目		主体质量 AVE	协同能力 AVE	协同目标 AVE
主体质量 AVE	Pearson 相关性	1		
	显著性（双侧）	0.000		
协同能力 AVE	Pearson 相关性	0.257**	1	
	显著性（双侧）	0.000		
协同目标 AVE	Pearson 相关性	0.330**	0.695**	1
	显著性（双侧）	0.000	0.000	

注：** 表示在 0.01 水平（双侧）上显著相关。

此外，在前面实证结果分析中，主体质量通过集成力显著正向影响协同度。同样地，协同能力与协同目标分别与协同度显著正相关。为便于协同度的计算，可对协同能力、协同目标与主体质量进行聚类，如图 5 - 6 所示。

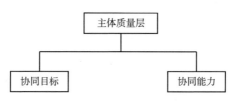

图 5 - 6　主体质量聚类结果树

（3）协同环境与集成环境相关性分析结论。由前面分析可知，协同行为与集成行为都是发生在同一空间，企业集成系统的协同环境与企业集成系统的集成环境是重叠的，同属于一个环境。因此，协同环境等同于集成环境。

5.3.3　企业集成系统协同度评价模型

鉴于以上分析结论，本书认为，采用集成力作为测评企业集成系统协同度，是可行、合理的，具体评价模型如图 5 – 7 所示。

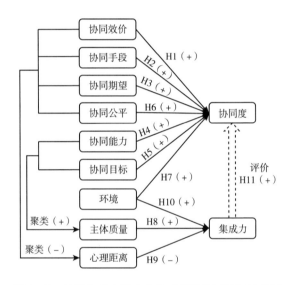

图 5 – 7　基于集成力的企业集成系统协同度评价模型

5.4　本章小结

本章首先提出企业集成系统集成力模型并进行了阐释。然后，用问卷调查的方式收集数据，运用 AMOS 24.0、SPSS 22.0 及 STATA 10.0 论证了集成力与协同度的相关关系，验证了集成力用于协同度评价的科学性与合理性，并由此提出了基于集成力的企业集成系统协同度评价模型。

第6章

基于集成力模型的企业
集成系统协同度测量

本章主要在分析企业集成系统协同行为本质的基础上，讨论基于集成力模型的企业集成系统协同度测量与评价，包括 P - P 协同度、P - O 协同度、O - O 协同度以及整体协同度的测量与评价，这有助于协同行为具象化，从而为企业集成系统协同行为提供整体以及精准的"靶向"管理。

6.1　企业集成系统协同行为的本质

众所周知，个体是构成社会系统的基本要素，也是社会活动的基本单位，同时也制约和影响着一切社会活动。马克思主义的观点认为，社会是人们通过交往形成的社会关系的总和，而社会关系包括个体间的关系、个体与集体的关系、个体与国家的关系，还包括群体与群体之间的关系、群体与国家之间的关系（Schroeder Meike and Lodemann Sebastian, 2021）。类似地，对于一个企业集成系统而言，主要存在三种最基本的社会关系：个体与个体（P - P）、个体与组织（P - O）以及组织与组织（O - O）。

虽然企业集成系统协同涉及的内容繁多，包括资源协同、信息协同、目标协同、战略协同、文化协同、组织协同、创新协同、管理协同、财务协同、技术协同等，但"人"是第一生产力，是系统中各类资源的掌控者，是开展各类协同活动的主导者。由此可见，企业集成系统协同行为最为本质的就是"人"的协同，包括 P-P 协同、P-O 协同以及 O-O 协同，它们制约和决定着企业集成系统协同行为的方方面面。具体原因分析如下。

（1）"人"是企业集成系统的第一生产力。社会生产力是人们改造自然的能力。在当今高速发展的社会，"人"的重要性不言而喻。对于企业集成系统而言，主要有三种生产要素，即人（生产者）、生产工具和生产对象。显然，"人"开发了生产工具，生产工具被"人"掌握，并作用于生产对象，最终转化为生产力。因此，本书认为"人"是企业集成系统的第一生产力。根据式（3-1）~式（3-3），可知企业集成系统协同行为的目的是增效，即提高生产力。可见，"人"的协同可以提高生产力，而生产力的提高会反过来促进企业集成系统协同行为的开展。

（2）"人"是企业集成系统各类资源的掌控者。资源包括有形资源与无形资源。一是有形资源。从企业经营管理角度来说，有形资源可以分为财务资源与实物资源。财务资源是以货币形式计量的资源，如资金、股票、债券等。实物资源则是以某种物质形态的方式体现，如生产设备、厂房、原材料、软件系统等固定资产。二是无形资源。相对有形资源而言，无形资源主要包括品牌、专利、技术与知识、声誉、企业文化等方面。根据资源依赖理论，这些资源无不是通过"人"或由"人"构成的组织与外界进行互动而获取、开发、使用与管理的。因此，"人"的协同在很大程度上决定了企业集成系统在协同过程中各种资源是否能得到合理的配置以发挥最大的效用，进而影响了其他方面的协同。

（3）"人"是企业集成系统各类协同活动的主导者。根据苏联心理学家维果斯基的活动理论，活动由目的、动机、动作和共同性构成，具有完整的结构系统（库蒂，1996）。可见，活动是"人"的内在心理与外在行为的综合反映。对于企业集成系统而言，协同活动是各成员企业为了共同目的而联结在一起并完成具有一定社会生产职能的动作或行为的总和，包括采购、生产、运营、管理等方面。显然，协同活动的主体是人或组织，而组织又是由人构成的。因此，"人"是各类协同活动的主导者，决定着协同活动是否能够顺利开展。

综上所述，"人"影响与制约了企业集成系统协同行为过程的方方面面，只要实现了"人"的协同，其他协同问题便能迎刃而解。因此，根据上述企业集成系统中最基本的三种社会关系，可知 P - P 协同、P - O 协同以及 O - O 协同是企业集成系统协同行为本质之所在，更是企业集成系统协同行为管理的关键。可见，只要做好这三个方面的管理，就能够对其他领域的协同行为管理起到事半功倍的作用。

6.2　企业集成系统 P - P 协同度测量

6.2.1　P - P 协同度评价指标体系及其权重

6.2.1.1　P - P 协同度评价指标体系

P - P 协同度是企业集成系统中核心企业组织内部员工之间在分工协作的过程中，彼此心理上、行为上和谐一致的程度。基于企业集成系统协同行为机理与协同度评价模型，并借鉴吴笑等（2015）以及王凯伟等（2016）所提出的协同度指标体系，本书结合自身实际，分别从个体质量层、心理距离层、环境层三个维度，建立企业集成系统 P - P 协同度评价指标体系。评价指标体系包括 3 个一级指标、7 个二级指标、14 个三级指标，具体如表 6 - 1 所示。

表 6 - 1　　　　　　　　　　P - P 协同度评价指标体系

项目	子系统	序参量	指标
P - P 协同度评价指标体系	个体质量层	协同能力 B1	实现目标所需的个人综合素质 b_{11}
		协同目标 B2	任务合作目标认知程度 b_{21}
			合作目标一致性 b_{22}
	个体心理距离层	协同效价 A1	合作的重要程度 a_{11}
			合作产生的共赢程度 a_{12}
		协同手段 A2	对合作手段或方式的认知和认可程度 a_{21}

项目	子系统	序参量	指标
P-P协同度评价指标体系	个体心理距离层	协同公平 A3	利益分配的满意程度 a_{31}
			合作过程的认可度 a_{32}
			合作关系的和谐程度 a_{33}
		协同期望 A4	合作成功的概率 a_{41}
			个人利益增加的可能性 a_{42}
	环境层	协同环境 C1	合作文化氛围浓厚程度 c_{11}
			技术进步与经济发展程度 c_{12}
			组织支持程度 c_{13}

6.2.1.2　P-P协同度评价指标权重

通过对上述P-P协同度评价指标体系的分析，发现其具有如下特点：一是定性指标所占比重较大，定量指标所占比重较小；二是由于P-P的特点不同，P-P协同度评价中每个指标的重要性也有所不同。据此，本书将采用层次分析法（AHP）确定指标权重，这种方法的优点是综合考虑了定性指标和定量指标，并在一定程度上克服了决策者在决策过程中的主观性，且只需要较少的数据。

6.2.2　P-P协同度测量

P-P协同度的计算是在确定指标权重之后，运用问卷调查法对选定的目标进行协同度水平测量。通过各调查对象对个体质量、心理距离及环境三个维度的评分，取得量化指标的原始数据，并进行标准化处理，计算出P-P集成力。最后，将集成力数值进行归一化处理，得到P-P协同度。

6.2.2.1　集成力计算

P-P协同可以抽象地划分为两两一对，同时，集成力的计算是求得P-P协同度的第一步。

假设企业集成系统S包含以人为单位的n个个体 S_j（j = 1，2，…，n），根据企业集成系统集成力计算公式（5－1），得出 P－P 协同的集成力计算公式，具体如下：

$$F_{P-P}(t) = E(t)\frac{Q_1^P(t)Q_2^P(t)}{d^2(t)} \qquad (6-1)$$

为了便于计算，本书选取各指标的均值作为最终取值。因此，采用线性加权平均，计算企业集成系统 n 个个体之间的心理距离 D(t)、个体质量 $Q^P(t)$ 及环境值 E(t)，最终计算出集成力 $F_{P-P}(t)$，具体如下。

（1）心理距离。

$$d_j^{P-P}(t) = \sum_{i=1}^{n}(6 - \overline{A_{ij}})W_{ij} \quad (j = 1,2,\cdots,n) \qquad (6-2)$$

$$D(t) = \frac{1}{n}\sum_{j=1}^{n}d_j^{P-P}(t) \qquad (6-3)$$

其中，$d_j^{P-P}(t)$ 表示第 j 个个体对合作伙伴的心理距离；D(t) 表示 n 个个体间的平均心理距离；n 为个体的数量；$\overline{A_{ij}}$ 为第 j 个个体的第 i 项指标数据的平均值。根据李克特五级量表对心理距离量表的打分，心理距离的取值区间在［1，5］，表明心理距离越小，取值越接近5，而心理距离越大，取值越接近1。由于协同度与心理距离成反比关系，为便于计算，用6减去相应的指标分值，获得相应的实际值。W_{ij} 为第 j 个个体的第 i 项指标的权重。考虑到个体对合作伙伴的心理距离对其协同行为影响较大，为了能够更好地测算出相互间的心理距离，本书选取每个个体的心理距离的均值作为企业集成系统协同度评价时心理距离的最终取值，如式（6－3）所示。

（2）个体质量。

$$Q_j^P(t) = \sum_{i=1}^{n}\overline{B_{ij}}W_{ij} \quad (j = 1,2,\cdots,n) \qquad (6-4)$$

其中，$Q_j^P(t)$ 表示第 j 个个体的质量；$\overline{B_{ij}}$ 表示第 j 个个体的第 i 项指标数据的平均值；W_{ij} 为第 j 个个体的第 i 项指标的权重。采用李克特五级量表对个体质量进行评分，其取值区间在［1，5］。个体质量越高，分值越接近5；反之，取值越接近1。

（3）环境值。

$$E_j(t) = \sum_{i=1}^n W_{ij} \overline{C_{ij}} \quad (j = 1,2,\cdots,n) \tag{6-5}$$

$$E(t) = \frac{1}{n} \sum_{j=1}^n E_j(t) \tag{6-6}$$

其中，$E_j(t)$ 表示第 j 个个体的环境值，$E(t)$ 表示 P-P 协同中所有个体的平均环境值，它们的取值范围均为 $[0,1]$。在问卷中，环境问项的取值范围为 $[1,5]$。因此，将其归一化（标准化值），使之取值落在 $[0,1]$；$\overline{C_{ij}}$ 表示第 j 个个体的第 i 项指标数据的平均值；W_{ij} 为第 j 个个体的第 i 项指标的权重。为便于计算，将环境得分取均值，如式（6-6）所示。

（4）集成力。

当企业集成系统中的个体数 n = 2 时，可直接运用式（6-1）进行计算，如下所示：

$$F_{P-P}(t) = E(t) \frac{Q_1^P(t) Q_2^P(t)}{D^2(t)} \tag{6-7}$$

当企业集成系统中的个体 n > 2 时：

$$F_{P-P}(t) = E(t) \frac{Q_{1,2,\cdots,n-1}^P(t) Q_n^P(t)}{d^2(t)} \tag{6-8}$$

变换为：

$$F_{P-P}(t) = \frac{E(t)}{d^2(t)} Q_{1,2,\cdots,n-1}^P(t) Q_n^P(t) \tag{6-9}$$

①假设环境值 E 和心理距离值 d 不变。在式（6-9）中，考虑了质量 $Q_{1,2,\cdots,n-1}^P$ 和 $Q_n^P(t)$。其中，$Q_{1,2,\cdots,n-1}^P$ 表示从 $Q_1^P(t)$ 到 $Q_{n-1}^P(t)$ 的 (n-1) 个个体总体的平均质量，这个平均质量不是对个体质量进行简单叠加，而是问卷调查中 (n-1) 个个体质量 $q_1^P(t)$，$q_2^P(t)$，$\cdots$，$q_{n-1}^P(t)$ 数据值的平均值，这里用 $\overline{Q_{n-1}^P}(t)$ 表示。

这时式（6-9）可以等价为：

$$F_{P-P}(t) = \frac{E(t)}{d^2(t)} \overline{Q_{n-1}^P}(t) Q_n^P(t) \tag{6-10}$$

当 n 较大时，上式可变换为：

$$F_{P-P}(t) = \frac{E(t)}{d^2(t)} \overline{Q_{n-1}^P}(t) Q_n^P(t)$$

$$\approx \frac{E(t)}{d^2(t)} \overline{Q_n^P}(t) Q_n^P(t) \tag{6-11}$$

由于 $Q_n^P(t)$ 的 n 是变化的，n 的取值可以是从 1 到 n 的任意数。因此，可以认为，系统的综合集成力是所有 n 对个体的组合集成力的平均值。也就是说，第一个个体和第二个个体组合后，成为一个新的结合体，这个新的结合体再与第三个个体组合，成为另一个新的结合体，然后再与第四个个体组合，以此类推，直至与最后一个个体进行组合，完成首轮集成。同样地，任何一个个体都可采用该方式进行组合，即有 n 轮的集成。因此，系统中 P－P 协同的综合集成力是对 n 轮集成产生的集成力取平均值，即：

$$F_{P-P}(t) = \frac{E(t)}{d^2(t)} \overline{Q_{n-1}^P}(t) Q_n^P(t)$$

$$= \frac{1}{n} \left(\frac{E(t)}{d^2(t)} \overline{Q_{n-1}^P}(t) Q_1^P(t) + \frac{E(t)}{d^2(t)} \overline{Q_{n-1}^P}(t) Q_2^P(t) + \cdots + \frac{E(t)}{d^2(t)} \overline{Q_{n-1}^P}(t) Q_n^P(t) \right)$$

$$= \frac{E(t)}{d^2(t)} \overline{Q_{n-1}^P}(t) \times \frac{1}{n} \left(Q_1^P(t) + Q_2^P(t) + \cdots + Q_n^P(t) \right)$$

$$= \frac{E(t)}{d^2(t)} \overline{Q_{n-1}^P}(t) \overline{Q_n^P}(t)$$

当 n 比较大时，$\overline{Q_{n-1}^P}(t)$ 约等于 $\overline{Q_n^P}(t)$，即：$F_{P-P}(t) \approx E(t) \dfrac{\overline{Q_n^{P2}}(t)}{d^2(t)}$

②假设系统的环境 E 和质量 Q 不变。在式（6-8）中，心理距离 d 为个体 S_1，S_2，$\cdots$，S_{n-1} 与 S_n 的心理距离。其中，n 是变化的，表示 n 个个体中任意一个与其他（n-1）个个体的心理距离。同样地，S_1，S_2，$\cdots$，S_{n-1} 这（n-1）个个体的心理距离也不是 n 个个体与 S_n 间心理距离的叠加，而是 n 组类似于 S_1，S_2，$\cdots$，S_{n-1} 与 S_n 个体之间心理距离的平均值，这里用 $\overline{D_n}(t)$ 表示，即：

$$\overline{D_n}(t) = \frac{1}{n}\sum_{j=1}^{n} D_j(t) \qquad (6-12)$$

其中，$D_j(t)$ 为 $(j-1)$ 个个体与第 j 个个体的心理距离。

基于上述讨论，在实际计算中，可以得到式（6-8）的简化计算公式：

$$F_{P-P}(t) \approx E(t)\frac{\overline{Q_n^{P2}}(t)}{D_n^2(t)} \qquad (6-13)$$

6.2.2.2 协同度计算

虽然在5.5节中论证了集成力可以用于协同度的测量，但是实际求得的集成力 F 的值是大于 1 的，不能直接用于测量协同度。因此，本书将得到的集成力公式（6-7）与公式（6-13）进行归一化处理，即得到协同度的测量公式。这里分为两种情况，当子系统所包含的个体数 n = 2 时，采用式（6-7）进行归一化处理；当 n > 2 时，则采用式（6-13）进行归一化处理。具体如下：

$$SD_{P-P}(t) = \frac{F_{P-P}(t) - \min F_{P-P}(t)}{\max F_{P-P}(t) - \min F_{P-P}(t)} \qquad (6-14)$$

6.3 企业集成系统 P－O 协同度测量

6.3.1 P－O 协同度评价指标体系及其权重

6.3.1.1 P－O 协同度评价指标体系

P－O 协同度是企业集成系统中核心企业组织与其员工之间在分工协作的过程中，彼此心理上、行为上和谐一致的程度。与 P－P 协同度评价类似，本书结合自身实际，分别从主体质量层、心理距离层、环境层三个维度，建立企业集成系统 P－O 协同度评价指标体系。评价指标体系包括 3 个一级指标、7 个二级指标、14 个三级指标，具体如表 6-2 所示。

表 6 - 2　　　　　　　　　　　　　P - O 协同度评价指标体系

项目	子系统	序参量	指标
P - O 协同度评价指标体系	主体质量层	协同能力 B1	实现目标所需的综合素质或综合实力 b_{12}
		协同目标 B2	任务合作目标认知程度 b_{23}
			合作目标一致性 b_{24}
	心理距离层	协同效价 A1	合作的重要程度 a_{13}
			合作产生的共赢程度 a_{14}
		协同手段 A2	对合作手段或方式的认知和认可程度 a_{22}
		协同公平 A3	利益分配的满意程度 a_{34}
			合作过程的认可度 a_{35}
			合作关系的和谐程度 a_{36}
		协同期望 A4	合作成功的概率 a_{43}
			个人利益和组织效益增加的可能性 a_{44}
	环境层	协同环境 C1	合作文化氛围浓厚程度 c_{21}
			技术进步与经济发展程度 c_{22}
			组织支持程度 c_{23}

6.3.1.2　P - O 协同度评价指标权重

类似于 6.2.1 节，通过对上述 P - O 协同度评价指标体系的分析，发现其与 P - P 协同度评价指标具有相同的特点，可采用层次分析法确定其评价指标的权重。

6.3.2　P - O 协同度测量

P - O 协同是　对　或多对　的关系，即全体人员与其所在的企业组织之间的协同。同样地，P - O 协同度测量步骤也是先计算 P - O 集成力，而后求得 P - O 协同度。

6.3.2.1　集成力计算

假设企业集成系统 S 的核心企业 S_o 有 n 个个体 $S_j (j = 1, 2, \cdots, n)$，根据企业集成系统集成力计算公式（5 - 1），得出 P - O 的集成力计算公式，具体如下所示：

$$F_{P-O}(t) = E(t)\frac{Q_n^P(t)Q^O(t)}{d^2(t)} \qquad (6-15)$$

其中，$Q_n^P(t)$ 为核心企业中第 n 个个体的质量，$Q^O(t)$ 为核心企业的组织质量。

由于核心企业组织与其中每个个体的心理距离以及所处的环境都有可能不同，各自的质量更是不同，所以本书选取各指标的均值作为最终的取值，具体如下。

（1）心理距离。类似于 P-P 协同心理距离的计算方法，P-O 协同心理距离计算如下：

$$d_j^{P-O}(t) = \sum_{i=1}^{n}(6-\overline{A_{ij}})W_{ij} \quad (j=1,2,\cdots,n) \qquad (6-16)$$

$$D(t) = \frac{1}{n}\sum_{j=1}^{n}d_j^{P-O}(t) \qquad (6-17)$$

其中，$d_j^{P-O}(t)$ 表示第 j 个个体与核心企业组织的心理距离；$D(t)$ 表示平均心理距离；n 为个体数；$\overline{A_{ij}}$ 为第 j 个个体的第 i 项指标数据的平均值。W_{ij} 为第 j 个个体的第 i 项指标的权重。

（2）主体质量。

$$Q_j^P(t) = \sum_{i=1}^{n}\overline{B_{ij}}W_{ij} \quad (j=1,2,\cdots,n) \qquad (6-18)$$

$$Q^O(t) = \sum_{i=1}^{n}\overline{B_i}W_i \qquad (6-19)$$

其中，$Q_j^P(t)$ 表示第 j 个个体的质量，$Q^O(t)$ 表示核心企业组织的质量；$\overline{B_{ij}}$ 表示第 j 个个体的第 i 项指标数据的平均值，$\overline{B_i}$ 表示核心企业组织的第 i 项指标数据的平均值；W_{ij} 为第 j 个个体的第 i 项指标的权重，W_i 为核心企业的第 i 项指标的权重。

（3）环境值。

环境值计算公式如下：

$$E_j(t) = \sum_{i=1}^{n} W_{ij} \overline{C_{ij}} \quad (j = 1, 2, \cdots, n) \qquad (6-20)$$

$$E(t) = \frac{1}{n} \sum_{j=1}^{n} E_j(t) \qquad (6-21)$$

其中，$E_j(t)$ 表示第 j 个行为主体的环境值，$E(t)$ 表示 P – O 协同中所有行为主体的平均环境值，它们的取值范围均为 $[0, 1]$；$\overline{C_{ij}}$ 表示第 j 个行为主体的第 i 项指标数据的平均值；W_{ij} 为第 j 个行为主体的第 i 项指标的权重。为便于计算，将环境得分取均值，如式（6 – 20）所示。需要强调的是，这里的行为主体指个体或企业组织，并且无论是个体还是企业组织，都处于同一个环境。

（4）集成力。

当企业集成系统核心企业组织内部人员数 n = 1 时，可直接运用式（6 – 15）进行计算，具体如下：

$$F_{P-O}(t) = E(t) \frac{Q^P(t) Q^O(t)}{D^2(t)} \qquad (6-22)$$

当企业集成系统 P – O 协同的关系为多对一时，即核心企业组织内部人员数 n > 2 时，则 P – O 协同的综合集成力 $F_{P-O}(t)$ 应是核心企业组织内部所有人员分别与该组织所产生的集成力的平均值。

①假设环境值 E 和心理距离值 d 不变。$\overline{Q_n^P}(t)$ 表示从 $Q_1^P(t)$ 到 $Q_n^P(t)$ 的 n 个个体总体的平均质量，这个平均质量不是对所有个体质量进行简单叠加，而是问卷调查中 n 个个体质量 $q_1^P(t)$，$q_2^P(t)$，$\cdots$，$q_n^P(t)$ 数据值的平均值，即：

$$
\begin{aligned}
F_{P-O}(t) &= \frac{1}{n} \left(\frac{E(t)}{d^2(t)} Q^O(t) Q_1^P(t) + \frac{E(t)}{d^2(t)} Q^O(t) Q_2^P(t) + \cdots + \frac{E(t)}{d^2(t)} Q^O(t) Q_n^P(t) \right) \\
&= \frac{E(t)}{d^2(t)} Q^O(t) \times \frac{1}{n} \left(Q_1^P(t) + Q_2^P(t) + \cdots + Q_n^P(t) \right) \\
&= \frac{E(t)}{d^2(t)} Q^O(t) \overline{Q_n^P}(t)
\end{aligned}
$$

变换为：

$$F_{P-O}(t) = E(t)\frac{Q^O(t)\overline{Q_n^P}(t)}{d^2(t)} \tag{6-23}$$

②假设系统环境 E 和质量 Q 不变，在式（6-22）中，心理距离 d 为个体 S_1，S_2，$\cdots$，S_n 分别与核心企业组织 S_o 的心理距离（其中 n 是变化的，表示 n 个个体中任意一个与其核心企业组织的心理距离）。

同样地，S_1，S_2，$\cdots$，S_n 这 n 个个体的心理距离也不是个体心理距离的简单叠加，而是 n 组类似于 S_1，S_2，$\cdots$，S_n 分别与核心企业组织 S_o 之间心理距离的平均值，这里用 $\overline{D_n}(t)$ 表示，即：

$$\overline{D_n}(t) = \frac{1}{n}\sum_{j=1}^{n} D_j(t) \tag{6-24}$$

其中，$D_j(t)$ 为第 j 个个体与核心企业组织的心理距离。

基于上述讨论，在实际计算中，可以得到简化的计算公式：

$$F_{P-O}(t) = E(t)\frac{Q^O(t)\overline{Q_n^P}(t)}{\overline{D_n^2}(t)} \tag{6-25}$$

6.3.2.2 协同度计算

协同度计算分为两种情况，当为一对一关系时，采用式（6-22）进行归一化处理；当为多对一关系时，则采用式（6-25）进行归一化处理，具体如下：

$$SD_{P-O}(t) = \frac{F_{P-O}(t) - \min F_{P-O}(t)}{\max F_{P-O}(t) - \min F_{P-O}(t)} \tag{6-26}$$

6.4 企业集成系统 O-O 协同度测量

6.4.1 O-O 协同度评价指标体系及其权重

6.4.1.1 O-O 协同度评价指标体系

O-O 协同度是企业集成系统中核心企业组织与其他企业组织之间在分

工协作的过程中，彼此心理上、行为上和谐一致的程度。与 P－P 协同度评价类似，本书结合自身实际，分别从组织质量层、心理距离层、环境层三个维度，建立企业集成系统 O－O 协同度指标评价体系。指标评价体系包括 3 个一级指标、7 个二级指标、14 个三级指标，具体如表 6－3 所示。

表 6－3　　　　　　　　　　　O－O 协同度评价指标体系

项目	子系统	序参量	指标
O－O协同度评价指标体系	组织质量层	协同能力 B1	实现目标所需的组织综合实力 b_{13}
		协同目标 B2	战略合作目标认知程度 b_{25}
			合作目标一致性 b_{26}
	心理距离层	协同效价 A1	合作的重要程度 a_{15}
			合作产生的共赢程度 a_{16}
		协同手段 A2	对合作手段或方式的认知和认可程度 a_{23}
		协同公平 A3	利益分配的满意程度 a_{37}
			合作过程的认可度 a_{38}
			合作关系的和谐程度 a_{39}
		协同期望 A4	合作成功的概率 a_{45}
			效益增加的可能性 a_{46}
	环境层	协同环境 C1	合作文化氛围浓厚程度 c_{31}
			技术进步与经济发展程度 c_{32}
			政治法律环境支持程度 c_{33}

6.4.1.2　O－O 协同度评价指标权重

上述 O－O 协同度评价指标体系具有 P－P 协同度评价指标体系一样的特点，类似地，可采用层次分析法确定其评价指标的权重。

6.4.2　O－O 协同度测量

企业集成系统 O－O 协同与 P－P 协同一样，可以抽象地划分为两两一对，它们都是属于同质集成与协同。因此，O－O 协同度测量与 P－P 协同度测量类似，可以直接借鉴。

6.4.2.1 集成力计算

假设企业集成系统 S 包含 n 个企业组织 $S_j(j=1,2,\cdots,n)$，根据集成力计算公式（5-1），得出 O-O 协同的集成力计算公式如下：

$$F_{O-O}(t) = E(t)\frac{Q_1^O(t)Q_2^O(t)}{d^2(t)} \qquad (6-27)$$

（1）心理距离。

$$d_j^{O-O}(t) = \sum_{i=1}^{n}(6 - \overline{A_{ij}})W_{ij} \quad (j=1,2,\cdots,n) \qquad (6-28)$$

$$D(t) = \frac{1}{n}\sum_{j=1}^{n}d_j^{O-O}(t) \qquad (6-29)$$

其中，$d_j^{O-O}(t)$ 表示第 j 个企业组织与其他成员企业的心理距离；$D(t)$ 表示 n 个企业组织间的心理距离；n 为企业组织的个数；$\overline{A_{ij}}$ 为第 j 个企业组织的第 i 项指标数据的平均值；W_{ij} 为第 j 个企业组织的第 i 项指标的权重。同样地，为了能够更好地测算出相互间的心理距离，本书选取各企业组织的心理距离的均值作为企业集成系统协同度评价时心理距离的最终取值。

（2）企业组织质量。

$$Q_j^O(t) = \sum_{i=1}^{n}\overline{B_{ij}}W_{ij} \quad (j=1,2,\cdots,n) \qquad (6-30)$$

其中，$Q_j^O(t)$ 表示第 j 个企业组织的质量；$\overline{B_{ij}}$ 表示第 j 个企业组织的第 i 项指标数据的平均值；W_{ij} 表示第 j 个企业组织的第 i 项指标的权重。

（3）环境值。

$$E_j(t) = \sum_{i=1}^{n}W_{ij}\overline{C_{ij}} \quad (j=1,2,\cdots,n) \qquad (6-31)$$

$$E(t) = \frac{1}{n}\sum_{j=1}^{n}E_j(t) \qquad (6-32)$$

其中，$E_j(t)$ 表示第 j 个企业组织所处环境的环境值，$E(t)$ 表示 O-O 协同中所有企业组织的平均环境值，它们的取值范围均为 $[0,1]$。$\overline{C_{ij}}$ 表示第 j

个企业组织的第 i 项指标数据的平均值；W_{ij} 表示第 j 个企业组织的第 i 项指标的权重。为便于计算，将环境得分取均值。

（4）集成力。

当企业集成系统中的企业组织数 n = 2 时，可直接运用式（6-27）进行计算，公式如下：

$$F_{O-O}(t) = E(t) \frac{Q_1^O(t) Q_2^O(t)}{D^2(t)} \qquad (6-33)$$

当企业集成系统中的企业组织数 n > 2 时，可直接借鉴式（6-13），则：

$$F_{O-O}(t) \approx E(t) \frac{\overline{Q_n^{O2}}(t)}{D_n^2(t)} \qquad (6-34)$$

6.4.2.2　协同度计算

O-O 协同度的计算同样分为两种情况，当系统所包含的企业组织的个数 n = 2 时，采用式（6-33）进行归一化处理；当 n > 2 时，则采用式（6-34）进行归一化处理。具体如下：

$$SD_{O-O}(t) = \frac{F_{O-O}(t) - minF_{O-O}(t)}{maxF_{O-O}(t) - minF_{O-O}(t)} \qquad (6-35)$$

6.5　企业集成系统整体协同度测量

关于系统整体协同度的概念，很多学者都作了相关界定，但没有统一的概念，大部分人认为它是系统内部各组成部分的综合或全面协同度。根据前面分析，企业集成系统是一个相对独立、开放的复杂系统，它的协同由 P-P 协同、P-O 协同以及 O-O 协同决定。因此，企业集成系统整体协同是系统中 P-P 协同度、P-O 协同度以及 O-O 协同度以一定方式进行集成或耦合所得到的综合测度。

鉴于以上分析，企业集成系统的整体协同度可表达为 P-P 协同度、P-O

协同度以及 O - O 协同度的函数, 具体公式为:

$$C = F(SD_{P-P}, SD_{P-O}, SD_{O-O}) \qquad (6-36)$$

其中, C 代表企业集成系统的整体协同度, SD_{P-P}, SD_{P-O}, SD_{O-O} 分别是 P - P 协同度、P - O 协同度以及 O - O 协同度。SD_{P-P}、SD_{P-O}、SD_{O-O} 的重要程度有可能不尽相同, 但无论忽视哪一项都有可能对整体造成严重的不协同。据此, 企业集成系统的整体协同度可以通过集成的方式来实现。集成的方法通常有两种: 一种是几何平均法; 另一种是线性加权平均法。

在实际研究中, 企业集成系统是一个有机的结合体, 是一种组织形式, 其组织架构同样具有隐性的层次性。由于各协同主体是相互独立的且存在着异质性, 使系统整体表现出隐性等级的特性, 处在层次交叠之中。各个主体之间是一种分工协作的串联关系, 而不是简单相加的并联关系。因此, 企业集成系统的协同结构是一种隐性的上下关系的结构体①, 遵循着前后工序的流程, 只要其中一个环节出问题, 将严重影响到整个系统的协同运行, 甚至造成系统崩塌, 类似于集成电路的原理。

与此同时, 由于 P - P 协同、P - O 协同以及 O - O 协同共同决定和制约着企业集成系统的整体协同, 因此只要其中任何一种协同出现问题, 都会对企业集成系统的整体协同造成重大影响, 难以根据重要程度来对它们进行大小排序。线性加权平均法采用的是"相加"方式, 则可以认为权重最小的变量或指标可能不会对整体的结果造成太大的影响, 甚至当该权重小到一定程度时, 与其相对应的变量或指标对整体结果造成的影响可以忽略不计, 这种方法显然与企业集成系统的协同原理不相吻合。几何平均法采用的是"连乘"方式, 也就是说, 每个变量或指标都具有相当的重要程度, 它们都会在很大程度上影响着整体结果, 只有每个变量或指标值都大的时候, 整体结果才可能良好。否则, 只要有一个变量或指标值不理想, 就会在很大程度上影响整体结果。相比之下, 几何平均法更适合企业集成系统整体协同度的计算。

鉴于以上分析, 本书采用几何平均法处理 SD_{P-P}、SD_{P-O} 及 SD_{O-O} 这三个

---

① 宋华岭, 温国锋, 李金克, 等. 基于信息度量的企业组织系统协同性评价 [J]. 管理科学学报, 2009, 12 (3): 22 - 36.

协同度的集成问题，则企业集成系统整体协同度为：

$$C(t) = \sqrt[3]{SD_{p-p}(t) \times SD_{p-o}(t) \times SD_{o-o}(t)} \qquad (6-37)$$

6.6　企业集成系统协同度评价

6.6.1　协同度评价等级划分

进行企业集成系统协同度等级划分，首先要确定协同度的区间范围。根据协同度评价指标、集成力计算公式以及协同度计算公式，并采用李克特 5 级评分表法赋值，可以求得该区间两端的极值，具体如下。

（1）最小值。

当对各指标赋最小值时，结果如表 6-4、表 6-5 以及表 6-6 所示。

表 6-4　各系统（加权）质量、环境以及（加权）心理距离（最小值）

指标	系统		
	P-P	P-O	O-O
（加权）质量	1	1	1
环境	0	0	0
（加权）心理距离	5	5	5

表 6-5　各系统集成力（最小值）

指标	系统		
	P-P	P-O	O-O
集成力	0	0	0

表 6-6　各系统协同度（最小值）

指标	系统		
	P-P	P-O	O-O
协同度	0	0	0

很显然，整体协同度最小值 $C_{min}(t) = \sqrt[3]{SD_{p-p}(t) \times SD_{p-o}(t) \times SD_{o-o}(t)} = 0$，

此时各协同主体相互之间无任何的联系，不产生协同效应。

（2）最大值。

当对各指标赋最大值时，结果如表6-7、表6-8以及表6-9所示。

表6-7　各系统（加权）质量、环境以及（加权）心理距离（最大值）

指标	系统		
	P-P	P-O	O-O
（加权）质量	5	5	5
环境	1	1	1
（加权）心理距离	1	1	1

表6-8　各系统集成力（最大值）

指标	系统		
	P-P	P-O	O-O
集成力	25	25	25

表6-9　各系统协同度（最大值）

指标	系统		
	P-P	P-O	O-O
协同度	1	1	1

很显然，整体协同度最大值 $C_{max}(t) = \sqrt[3]{SD_{p-p}(t) \times SD_{p-o}(t) \times SD_{o-o}(t)} = 1$，此时各协同主体融为一体，完全协同，也可以说是一体化协同，协同效应达到最高点。

由上述求得的协同度的最小值和最大值可知，协同度的区间是［0，1］。

因此，在与管理专家探讨分析的基础上，借鉴武玉英（2017）和张浩（2012）协同度判别标准，并结合实际，得出了企业集成系统协同度的等级划分标准，具体如表6-10所示。

表6-10　企业集成系统协同度等级划分标准

协同度	等级	特征
C = 0	非协同	无协同效应，相互之间没有关联
0 < C < 0.3	初等协同	协同发展处于初级阶段，协同性处于很低水平，协同效应不明显

协同度	等级	特征
$0.3 \leq C \leq 0.5$	过渡协同	协同机制由初级阶段向良性阶段过渡，协同性处于一般水平，产生一定的协同效应，进入快速发展期
$0.5 < C < 0.8$	中等协同	协同机制进入良性运行阶段，各协同主体之间协同性处于较高水平，产生较好的协同效应
$0.8 \leq C < 1$	高度协同	协同机制运行效果良好，各协同主体之间协同性处于高水平，取得良好的协同经济
$C = 1$	完全协同	协同机制运行效果极好，内外部协同性处于极高水平，融为一体，协同效应非常显著，形成有机集成体

6.6.2　协同度评价步骤

根据前面的分析，企业集成系统协同度评价步骤如下。

6.6.2.1　协同度评价指标体系构建

基于企业集成系统协同行为机理与协同度评价模型，根据表6-1至表6-3分别建立 P-P 协同度、P-O 协同度及 O-O 协同度评价指标体系。在实际操作过程中，当协同行为主体不同时，可以根据实际情况对三级指标进行相应的调整。

6.6.2.2　问卷调查

（1）根据协同度指标，进行量表设计，即问卷题项设计；

（2）选定调查样本；

（3）发放问卷，含前测与正式测试；

（4）回收问卷；

（5）原始调查数据统计与分析；

（6）根据第7章中式（7-1）、式（7-2），对原始调查数据进行标准化处理。

需要注意的是，一是最好基于成熟量表进行量表设计，有利于确保信效度；二是前测主要是为了求出信效度和题项优化。

6.6.2.3 指标权重确定

采用层次分析法分别确定 P－P 协同度、P－O 协同度及 O－O 协同度评价指标的权重。

6.6.2.4 集成力计算

根据式（6－13）、式（6－25）、式（6－34）分别计算 P－P 协同、P－O 协同及 O－O 协同的集成力。在实际操作过程中，通过各调查对象对质量、心理距离及环境三个维度的相关指标的评分，取得量化指标的原始数据，并进行标准化处理，计算出集成力。

6.6.2.5 协同度计算

根据式（6－14）、式（6－26）、式（6－35）以及式（6－37）分别计算 P－P 协同度、P－O 协同度、O－O 协同度以及整体协同度。

6.6.2.6 协同等级判定

根据表 6－10 的协同度等级划分标准，判定企业集成系统整体协同程度，并可根据实际情况，提出相应的管理建议。

6.7 本章小结

本章基于第 5 章的研究结果，从协同主体质量、心理距离、环境三个维度，分别建立 P－P、P－O 以及 O－O 的协同行为评价指标体系，据此分别探索 P－P 协同度、P－O 协同度、O－O 协同度和企业集成系统整体协同度的具体测量过程，并提出了协同度等级划分标准与评价步骤。

第 7 章

Star-Net 企业集成系统协同度评价案例

本章以 Star-Net 企业集成系统作为案例，收集相关数据，进行协同度评测，以期验证基于集成力的协同度评价模型的合理性与可行性。

7.1　Star-Net 企业集成系统简介

Star-Net 企业集成系统，是以福建星网锐捷通讯股份有限公司（以下简称福建 Star-Net 公司）为核心企业，并通过在北京市、上海市、成都市、武汉市、福州市以及厦门市六地设立六大企业研究院，与其重要合作伙伴链接而成的。它可以有效地实现资源整合、集成创新，并快速将创新技术产业化，从而确保在第一时间为客户提供最先进的技术和产品，以提高市场竞争力。该系统核心企业福建 Star-Net 公司与主要成员的合作关系主要包括：与中国科学院计算所、清华大学、北京大学、浙江大学、华中科技大学、厦门大学、中山大学、福州大学等著名高校、科研院所建立长期产学研合作；与Intel、Microsoft、VMware 携手创立联合实验室；与 Citrix 、华为、浪潮、阿里、支付宝、百度等国内外著名厂商广泛开展多层次、全方位的技术合作；与龙芯、兆芯、北大众志、飞腾、航天等优秀"中国芯"品牌在产品国产化方面保持深度合作，主动推进先进技术产品化。Star-Net 企业集成系统如图 7 - 1 所示。

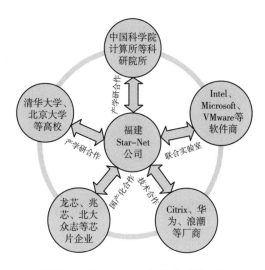

图 7 – 1　Star-Net 企业集成系统示意

福建 Star-Net 公司作为 Star-Net 企业集成系统的核心企业，它的具体情况如下。①

7.1.1　公司概况

福建 Star-Net 是一家大型国有控股上市公司，成立于 2000 年，专注于 ICT（信息与通信）基础设施及行业解决方案，其产品广泛应用于政府、运营商、金融、教育、医疗、互联网、能源、交通、商业、制造业等行业信息化建设领域。目前，公司总资产为 76.2 亿元人民币，在全球拥有 6 大研发中心、8600 多名员工（其中研发人员 4651 名，占 54% 左右），业务范围覆盖了亚洲、欧洲、美洲、非洲、大洋洲等近百个国家和地区。

7.1.2　组织架构与分支机构

（1）组织结构。福建 Star-Net 公司根据自身实际情况，建立了基于运营

---

① 福建 Star-Net 公司简介 [EB/OL]. https：//www. star – net. cn/company. php.

体系、营销与服务体系、市场销售体系以及研发体系的组织结构，具体如图 7 - 2 所示。

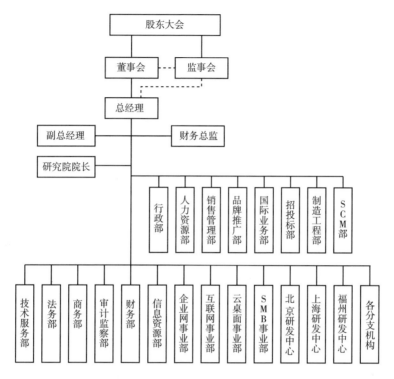

图 7 - 2　福建 Star-Net 公司组织结构

资料来源：作者实地调研获取。

（2）分支机构。福建 Star-Net 公司在全球共拥有 59 个分支机构，分布在国内的华北、东北、华东、华南、西北、西南、华中等区域的主要城市，以及日本、马来西亚、土耳其、阿联酋、沙特等国家。主要包括福建 Star-Net 福州分公司、北京分公司、上海分公司、西安分公司以及杭州办事处、合肥办事处、郑州办事处、日本办事处、马来西亚办事处、土耳其办事处等。

7.1.3　主要产品与市场占有率

（1）主要产品。公司主要经营信息与通信类产品，具体如表 7 - 1 所示。

表 7 – 1　　　　　　　　　　　福建 Star-Net 公司主要产品

序号	产品类别	产品名称
1	智慧网络	交换机、路由器、无线网络、IT 运维管理基础设施与平台等
2	智慧云	云办公、桌面云 2.0、云支付等
3	智慧通信	网络话机、通信服务器、智清视讯、智能网关、智能会议麦、应急通信箱等
4	智能制造	智能系统、智能贴标检验设备、智能电子货架、智能还料设备、智能锁螺丝设备等
5	智慧物联	智慧医疗、智慧工厂、智慧商贸、智慧城市、智慧安防、智慧标牌等
6	智慧生活	智慧社区、智慧家居、Wi-Fi 覆盖、可视对讲等

资料来源：作者收集整理。

（2）市场占有率。部分主要产品市场占有率情况如下：

①入选 Gartner《有线无线局域网接入基础设施魔力象限》（资料来源：Gartner 2019）；

②2019 年中国以太网交换机市场占有率排名第 3（资料来源：《IDC2019中国以太网交换机跟踪报告》，2020 年 3 月）；

③2019 年教育城域网交换机市场份额位居第一（资料来源：《CCW2019 – 2020 年中国城域网交换机市场白皮书》）；

④连续 5 年中国企业级终端 VDI 市场份额第 1（资料来源：《IDC2019 中国企业级终端 VDI 市场跟踪报告》，2020 年 3 月）；

⑤中国企业级 WLAN 市场占有率排名第 2，其中 Wi-Fi 6 品类市场份额位居第 1（资料来源：《IDC2019 中国企业级 WLAN 市场跟踪报告》，2020 年 3 月）；

⑥2019 年中国 IT 基础设施运维软件市场占有率排名第 1（资料来源：《IDC2019H1 中国 ITUO 市场跟踪报告》，2020 年 3 月）；

⑦连续 3 年中国企业级 IT 业务综合运维管理平台软件市场排名第 1（资料来源：CCW 2019 年 3 月）；

⑧连续 5 年中国云课堂（虚拟化计算机教室）解决方案市场排名第 1（资料来源：CCW 2019 年 5 月）。

7.1.4　品牌价值

2019 年 1 月，由中华品牌战略研究院主办的第 14 届"鼎电杯"中国电子企业品牌价值 300 强研究报告发布会在澳门隆重召开。报告显示，星网锐捷品牌价值达 403.45 亿元，同比增长 26.7%，连续七年两位数增长，居中国电子企业第四十三名，较 2018 年上升 6 个名次，并被世界品牌实验室分别授予亚洲 500 最具价值品牌和中国 500 最具价值品牌。

7.1.5　行业地位与企业荣誉

公司 16 次蝉联中国软件业务百强企业，多次被授予中国成长百强企业，福建省百强企业以及福建省工业和信息化省级龙头企业，具有大批国内和国际领先水平的核心技术，截至 2019 年，公司累计申请专利达 3186 项。同时，也获得了一系列荣誉称号。具体公司荣誉如表 7-2 所示。

表 7-2　　　　　　　　　福建 Star-Net 公司部分主要荣誉

序号	时间	荣誉称号	授予单位
1	2020 年 4 月	国家首批"科改示范企业"	国务院国资委
2	2020 年 1 月	中国软件业务收入百强	工信部
3	2019 年 11 月	国家级工业设计中心	工信部
4	2019 年 10 月	2019 年福建制造业百强	福建省企业与企业家联合会、福建省广播影视集团、福建社会科学院
5	2018 年 10 月	2018 年福建省工业和信息化省级龙头企业	福建省经济与信息化委员会
6	2015 年 12 月	全国知识产权示范企业	国家知识产权局
7	2015 年 5 月	全国工业品牌培育示范企业	工信部
8	2014 年 11 月	国家"火炬计划"重点高新技术企业	科技部
9	2011 年 6 月	首批国家技术创新示范企业	工信部
10	2008 年 7 月	博士后科研工作站	人社部 全国博士后管委会

序号	时间	荣誉称号	授予单位
11	2008 年 7 月	国家首批"创新型企业"	科技部、国务院国资委、中华全国总工会
12	2008 年 10 月	国家级企业技术中心	国家发改委、科技部、财政部、税务总局等
13	2007 年 9 月	国家高科技产业化示范工程	国家发改委

资料来源：作者实地调研获取。

7.1.6 财务状况

根据上市信息披露，可以发现，福建 Star-Net 公司 2016～2019 年近四年在成长能力、运营能力、盈利能力等方面表现不俗，同时财务风险较低，具体数据如表 7 – 3 所示。此外，公司营收与利润在 2016～2019 年近四年间总体呈上升趋势，如图 7 – 3 所示。

表 7 – 3　　　　福建 Star-Net 公司 2016～2019 年主要财务指标

指标	2016 年	2017 年	2018 年	2019 年
营业总收入（亿元）	56.9	77.1	91.3	92.7
毛利润（亿元）	24.1	29.0	29.1	34.9
归属净利润（亿元）	3.19	4.72	5.81	6.11
营业总收入同比增长（%）	25.93	35.47	18.51	1.47
毛利率（%）	43.33	38.43	32.57	38.30
净利率（%）	9.80	9.09	9.08	9.22
总资产周转率（次）	1.03	1.26	1.36	1.26
资产负债率（%）	35.64	41.78	39.07	36.78

资料来源：巨潮资讯（http://www.cninfo.com.cn/）。

从上述分析可知，Star-Net 企业集成系统的构建成功，使得核心企业福建 Star-Net 公司在产品技术研发、市场占有率等方面，均取得了不俗的成绩。据此，本书认为选取 Star-Net 企业集成系统作为案例，是合乎要求的。本章将从 P – P、P – O、O – O 以及整体的角度，对其协同行为进行评价分析。

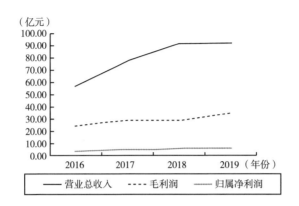

（亿元）

图 7 – 3　福建 Star-Net 公司 2016～2019 年营收与利润趋势

7.2　Star-Net 企业集成系统协同度测量

7.2.1　指标测量题项来源

　　本案例所采用的协同行为评价指标体系为第 6 章建立的指标体系，并选择第 5 章实测问卷中部分相关题项作为该案例评价指标的问项，如表 7 – 4 所示。

表 7 – 4　　　　　　　　　　　指标体系与测量题项对照

序参量	适用方式	指标	题项编号
协同期望	P – P/P – O/O – O	合作成功的概率	G1
			G2
			G3
		效益增加的可能性	G4
			G5
			G6
			G7

续表

序参量	适用方式	指标	题项编号
协同能力	P – P/P – O	实现目标所需的个人综合素质（知识、技能、经验等）	H1
			H2
			H3
			H4
	O – O/P – O	实现目标所需的组织综合实力（财力、物力、人力、技术等）	H1
			H2
			H3
			H4
协同目标	P – P/P – O	任务合作目标认知程度	I1
	P – P/P – O/O – O	合作目标一致性	I2
	O – O	战略合作目标认知程度	I3
协同公平	P – P/P – O/O – O	合作关系的和谐程度	J1
			J2
		利益分配的满意程度	J3
		合作过程的认可度	J4
协同效价	P – P/P – O/O – O	合作的重要程度	E1
			E2
			E3
		合作产生的共赢程度	E4
			E5
			E6
协同手段	P – P/P – O/O – O	对合作手段或方式的认知和认可程度	F1
			F2
			F3
协同环境	P – P/P – O/O – O	合作文化氛围浓厚程度	D4
		技术进步与经济发展程度	D3
			D5
	P – P/P – O	组织支持程度	D6
			D7
	O – O	政治法律环境支持程度	D1
			D2

7.2.2 数据来源

本书所涉及的评价指标数据有定性与定量两种。定量数据来源于相关的审计报告及经济情况报告；定性数据采用问卷调查的形式获取。本书以福建 Star-Net 公司内部主要业务骨干和管理人员以及与福建 Star-Net 公司有合作关系的主要企事业单位的高层管理者作为本次测评的被访者，共发放调查问卷 360 份，其中回收有效问卷 281 份，回收率达 78.06%，在福州、厦门等地访谈专家、学者和管理者 23 人，实地考察 Star-Net 企业集成系统及其部分合作伙伴。结合李克特量表等方法，采用 Excel、SPSS 等统计软件对问卷进行数据分析和处理，共获得 14 个指标的平均值，将其作为评价的原始数据，如表 7 - 5 至表 7 - 7 所示。

表 7 - 5　　Star-Net 企业集成系统 P - P 协同度评价指标原始数据

子系统层	序参量	指标	最小值	最大值	实际值
个体质量层	协同能力 B_1	b_{11}	1	5	4.454
	协同目标 B_2	b_{21}	1	5	4.573
		b_{22}	1	5	4.503
个体心理层	协同效价 A_1	a_{11}	1	5	4.664
		a_{12}	1	5	4.664
	协同手段 A_2	a_{21}	1	5	4.704
	协同公平 A_3	a_{31}	1	5	4.786
		a_{32}	1	5	4.621
		a_{33}	1	5	4.854
	协同期望 A_4	a_{41}	1	5	4.762
		a_{42}	1	5	4.599
环境层	协同环境 C_1	c_{11}	1	5	4.726
		c_{12}	1	5	4.505
		c_{13}	1	5	4.643

表 7 – 6   Star-Net 企业集成系统 P – O 协同度评价指标原始数据

子系统层	序参量	指标	最小值	最大值	实际值
主体质量层	协同能力 B_1	b_{12}	1	5	4.854
	协同目标 B_2	b_{23}	1	5	4.773
		b_{24}	1	5	4.703
心理层	协同效价 A_1	a_{13}	1	5	4.864
		a_{14}	1	5	4.669
	协同手段 A_2	a_{22}	1	5	4.704
	协同公平 A_3	a_{34}	1	5	4.786
		a_{35}	1	5	4.628
		a_{36}	1	5	4.854
	协同期望 A_4	a_{43}	1	5	4.863
		a_{44}	1	5	4.799
环境层	协同环境 C_1	c_{21}	1	5	4.726
		c_{22}	1	5	4.870
		c_{23}	1	5	4.843

表 7 – 7   Star-Net 企业集成系统 O – O 协同度评价指标原始数据

子系统层	序参量	指标	最小值	最大值	实际值
组织质量层	协同能力 B_1	b_{13}	1	5	4.853
	协同目标 B_2	b_{25}	1	5	4.873
		b_{26}	1	5	4.523
心理层	协同效价 A_1	a_{15}	1	5	4.664
		a_{16}	1	5	4.664
	协同手段 A_2	a_{23}	1	5	4.704
	协同公平 A_3	a_{37}	1	5	4.786
		a_{38}	1	5	4.621
		a_{39}	1	5	4.854
	协同期望 A_4	a_{45}	1	5	4.762
		a_{46}	1	5	4.599
环境层	协同环境 C_1	c_{31}	1	5	4.726
		c_{32}	1	5	4.505
		c_{33}	1	5	4.643

7.2.3　数据处理

为了避免因主观造成的指标误差，更加客观合理地反映指标权重，对原始数据进行处理，即将数据进行标准化和同趋化处理，公式如下：

当指标为正向时，

$$y_i = \frac{x_i - \min_{1 \leqslant j \leqslant n} \{x_j\}}{\max_{1 \leqslant j \leqslant n} \{x_j\} - \min_{1 \leqslant j \leqslant n} \{x_j\}} \qquad (7-1)$$

当指标为负向时，

$$y_i = \frac{\max_{1 \leqslant j \leqslant n} \{x_j\} - x_i}{\max_{1 \leqslant j \leqslant n} \{x_j\} - \min_{1 \leqslant j \leqslant n} \{x_j\}} \qquad (7-2)$$

利用式（7-1）和式（7-2）将表 7-5 至表 7-7 中的数据进行标准化处理，处理后的数据如表 7-8 至表 7-10 所示。

表 7-8　　Star-Net 企业集成系统 P-P 协同度评价指标标准化数据

子系统层	序参量	指标	标准值
个体质量层	协同能力 B_1	b_{11}	0.8634
	协同目标 B_2	b_{21}	0.8933
		b_{22}	0.8757
个体心理层	协同效价 A_1	a_{11}	0.9160
		a_{12}	0.9160
	协同手段 A_2	a_{21}	0.9260
	协同公平 A_3	a_{31}	0.9464
		a_{32}	0.9054
		a_{33}	0.9636
	协同期望 A_4	a_{41}	0.9405
		a_{42}	0.8996
环境层	协同环境 C_1	c_{11}	0.9314
		c_{12}	0.8762
		c_{13}	0.9107

表 7 - 9   **Star-Net 企业集成系统 P - O 协同度评价指标标准化数据**

子系统层	序参量	指标	标准值
主体质量层	协同能力 B_1	b_{12}	0.9634
	协同目标 B_2	b_{23}	0.9433
		b_{24}	0.9257
心理层	协同效价 A_1	a_{13}	0.9660
		a_{14}	0.9172
	协同手段 A_2	a_{22}	0.9260
	协同公平 A_3	a_{34}	0.9464
		a_{35}	0.9071
		a_{36}	0.9636
	协同期望 A_4	a_{43}	0.9657
		a_{44}	0.9496
环境层	协同环境 C_1	c_{21}	0.9314
		c_{22}	0.9676
		c_{23}	0.9607

表 7 - 10   **Star-Net 企业集成系统 O - O 协同度评价指标标准化数据**

子系统层	序参量	指标	标准值
组织质量层	协同能力 B_1	b_{13}	0.9633
	协同目标 B_2	b_{25}	0.9683
		b_{26}	0.8807
心理层	协同效价 A_1	a_{15}	0.9160
		a_{16}	0.9160
	协同手段 A_2	a_{23}	0.9260
	协同公平 A_3	a_{37}	0.9464
		A_{38}	0.9054
		a_{39}	0.9636
	协同期望 A_4	a_{45}	0.9405
		a_{46}	0.8996
环境层	协同环境 C_1	c_{31}	0.9314
		c_{32}	0.8762
		c_{33}	0.9107

7.2.4　协同度评价指标权重确定

本部分使用层次分析法确定各级评价指标的权重。邀请相关领域的 66 名专家和学者，根据 Sart-Net 企业集成系统的实际情况，采用 9 级标度法对该协同度评价指标进行成对比较。共发放了 66 份问卷，回收 60 份，回收率为 90.9%。在此基础上，本部分利用 MATLAB7.0 软件进行计算，最终得到 Sart-Net 企业集成系统 P–P 协同度、P–O 协同度以及 O–O 协同度评价指标的权重。

根据研究的需要，将总目标层拆分为 Q（质量层）、D（心理层）、E（环境层），则分别可得 P–P 协同度、P–O 协同度以及 O–O 协同度评价指标集。

P–P 协同度评价指标集为：

$$Q_{p-p} = \{B_1, B_2\}, D_{p-p} = \{A_1, A_2, A_3, A_4\}, E_{p-p} = \{C_1\}, B_1 = \{b_{11}\}, B_2 = \{b_{21}, b_{22}\},$$

$$A_1 = \{a_{11}, a_{12}\}, A_2 = \{a_{21}\}, A_3 = \{a_{31}, a_{32}, a_{33}\}, A_4 = \{a_{41}, a_{42}\}, C_1 = \{C_{11}, C_{12}, C_{13}\}$$

P–O 协同度评价指标集为：

$$Q_{p-o} = \{B_1, B_2\}, D_{p-o} = \{A_1, A_2, A_3, A_4\}, E_{p-o} = \{C_1\}, B_1 = \{b_{12}\}, B_2 = \{b_{23}, b_{24}\},$$

$$A_1 = \{a_{13}, a_{14}\}, A_2 = \{a_{22}\}, A_3 = \{a_{34}, a_{35}, a_{36}\}, A_4 = \{a_{43}, a_{44}\}, C_1 = \{C_{14}, C_{15}, C_{16}\}$$

O–O 协同度评价指标集为：

$$Q_{o-o} = \{B_1, B_2\}, D_{o-o} = \{A_1, A_2, A_3, A_4\}, E_{o-o} = \{C_1\}, B_1 = \{b_{13}\}, B_2 = \{b_{25}, b_{26}\},$$

$$A_1 = \{a_{15}, a_{16}\}, A_2 = \{a_{23}\}, A_3 = \{a_{37}, a_{38}, a_{39}\}, A_4 = \{a_{45}, a_{46}\}, C_1 = \{C_{17}, C_{18}, C_{19}\}$$

根据专家学者的赋值进行统计分析，得到相应的判断矩阵，并利用 MATLAB7.0 软件计算每个判断矩阵的最大特征值、向量值，然后根据最大特征值进行一致性检验，最后通过对向量值标准化得到相应的指标权重。需特别说明的是，由于一二阶矩阵仅两两对比，具有完全一致性，因此无须对其进行一致性检验。具体计算如下：

7.2.4.1 P-P协同度评价指标权重分析

（1）一级判断矩阵如表7-11至表7-13所示。

表7-11 **Q_{p-p}的判断矩阵及权重**

Q_{p-p}	B_1	B_2	权重
B_1	1	6	0.8571
B_2	1/6	1	0.1429

表7-12 **D_{p-p}的判断矩阵及权重**

D_{p-p}	A_1	A_2	A_3	A_4	权重	一致性检验
A_1	1	4	3	2	0.4650	$\lambda_{max}=4.2216$
A_2	1/4	1	2	1/4	0.1249	$CI=0.0739$
A_3	1/3	1/2	1	1/2	0.1129	$RI=0.89$
A_4	1/2	4	2	1	0.2971	$CR=0.083<0.1$

根据表7-12，D_{p-p}的判断矩阵权重系数一致性比例均小于0.1，符合一致性要求。

表7-13 **E_{p-p}的判断矩阵及权重**

E_{p-p}	C_1	权重
C_1	1	1

（2）二级判断矩阵如表7-14至表7-20所示。

表7-14 **B_1 的判断矩阵及权重**

B_1	b_{11}	权重
b_{11}	1	1

表7-15 **B_2 的判断矩阵及权重**

B_2	b_{21}	b_{22}	权重
b_{21}	1	2	0.6667
b_{22}	1/2	1	0.3333

表 7 – 16　　　　　　　　　　　　　A₁ 的判断矩阵及权重

A₁	a₁₁	a₁₂	权重
a₁₁	1	4	0.8000
a₁₂	1/4	1	0.2000

表 7 – 17　　　　　　　　　　　　　A₂ 的判断矩阵及权重

A₂	a₂₁	权重
a₂₁	1	1

表 7 – 18　　　　　　　　　　　　　A₃ 的判断矩阵及权重

A₃	a₃₁	a₃₂	a₃₃	权重	一致性检验
a₃₁	1	7	5	0.7306	$\lambda_{max} = 3.0649$
a₃₂	1/7	1	1/3	0.0810	CI = 0.0324
a₃₃	1/5	3	1	0.1884	RI = 0.52
					CR = 0.0624 < 0.1

根据表 7 – 18，其权重系数一致性比例均小于 0.1，符合一致性要求。

表 7 – 19　　　　　　　　　　　　　A₄ 的判断矩阵及权重

A₄	a₄₁	a₄₂	权重
a₄₁	1	5	0.8333
a₄₂	1/5	1	0.1667

表 7 – 20　　　　　　　　　　　　　C₁ 的判断矩阵及权重

C₁	c₁₁	c₁₂	c₁₃	权重	一致性检验
c₁₁	1	3	1/4	0.2176	$\lambda_{max} = 3.0536$
c₁₂	1/3	1	1/6	0.0914	CI = 0.0268
c₁₃	4	6	1	0.6910	RI = 0.52
					CR = 0.0516 < 0.1

根据表 7 – 20，C₁ 的判断矩阵权重系数一致性比例均小于 0.1，符合一致性要求。

综上所述，所有权重系数一致性比例均小于 0.1，符合一致性要求。该企业集成系统的 P – P 协同度评价指标体系权重如表 7 – 21 所示。

表 7 – 21　　　　**Star-Net 企业集成系统 P – P 协同度评价指标的权重**

子构面层	序参量	相对子权重	二级指标	二级权重
个体质量层	协同能力 B_1	0.8571	b_{11}	1
	协同目标 B_2	0.1429	b_{21}	0.6667
			b_{22}	0.3333
个体心理层	协同效价 A_1	0.4650	a_{11}	0.8000
			a_{12}	0.2000
	协同手段 A_2	0.1249	a_{21}	1
	协同公平 A_3	0.1129	a_{31}	0.7306
			a_{32}	0.0810
			a_{33}	0.1884
	协同期望 A_4	0.2971	a_{41}	0.8333
			a_{42}	0.1667
环境层	协同环境 C_1	1	c_{11}	0.2176
			c_{12}	0.0914
			c_{13}	0.6910

7.2.4.2　P – O 协同度评价指标权重分析

（1）一级判断矩阵如表 7 – 22 至表 7 – 24 所示。

表 7 – 22　　　　　　　　Q_{p-o}的判断矩阵及权重

Q_{p-o}	B_1	B_2	权重
B_1	1	5	0.8333
B_2	1/5	1	0.1667

表 7 – 23　　　　　　　　D_{p-o}的判断矩阵及权重

D_{p-o}	A_1	A_2	A_3	A_4	权重	一致性检验
A_1	1	3	5	4	0.5349	$\lambda_{max} = 4.1145$
A_2	1/3	1	4	3	0.2697	CI = 0.0382
A_3	1/5	1/4	1	1/2	0.0753	RI = 0.89
A_4	1/4	1/3	2	1	0.1201	CR = 0.0429 < 0.1

根据表 7 – 23，D_{p-o}的判断矩阵权重系数一致性比例均小于 0.1，符合一

致性要求。

表 7 – 24　　　　　　　　　　E_{p-o} 的判断矩阵及权重

E_{p-o}	C_1	权重
C_1	1	1

（2）二级判断矩阵如表 7 – 25 至表 7 – 31 所示。

表 7 – 25　　　　　　　　　　B_1 的判断矩阵及权重

B_1	b_{12}	权重
b_{12}	1	1

表 7 – 26　　　　　　　　　　B_2 的判断矩阵及权重

B_2	b_{23}	b_{24}	权重
b_{23}	1	4	0.8000
b_{24}	1/4	1	0.2000

表 7 – 27　　　　　　　　　　A_1 的判断矩阵及权重

A_1	a_{13}	a_{14}	权重
a_{13}	1	5	0.8333
a_{14}	1/5	1	0.1667

表 7 – 28　　　　　　　　　　A_2 的判断矩阵及权重

A_2	a_{22}	权重
a_{22}	1	1

表 7 – 29　　　　　　　　　　A_3 的判断矩阵及权重

A_3	a_{34}	a_{35}	a_{36}	权重	一致性检验
a_{34}	1	6	5	0.7258	$\lambda_{max} = 3.0291$
a_{35}	1/6	1	1/2	0.1020	$CI = 0.0145$
a_{36}	1/5	2	1	0.1722	$RI = 0.52$
					$CR = 0.0279 < 0.1$

根据表 7 – 29，A_3 的判断矩阵权重系数一致性比例均小于 0.1，符合一致性要求。

表7-30   A₄ 的判断矩阵及权重

A_4	a_{43}	a_{44}	权重
a_{43}	1	4	0.8000
a_{44}	1/4	1	0.2000

表7-31   C₁ 的判断矩阵及权重

C_1	c_{21}	c_{22}	c_{23}	权重	一致性检验
c_{21}	1	3	1/5	0.1947	$\lambda_{max} = 3.0940$
c_{22}	1/3	1	1/6	0.0881	$CI = 0.0470$
c_{23}	5	6	1	0.7172	$RI = 0.52$
					$CR = 0.0904 < 0.1$

根据表7-31，C_1 的判断矩阵权重系数一致性比例均小于 0.1，符合一致性要求。

综上所述，所有权重系数一致性比例均小于 0.1，符合一致性要求。该企业集成系统 P-O 协同度评价指标权重如表7-32所示。

表7-32   Star-Net 企业集成系统 P-O 协同度评价指标的权重

子构面层	序参量	相对子权重	二级指标	二级权重
主体质量层	协同能力 B_1	0.8333	b_{11}	1
	协同目标 B_2	0.1667	b_{23}	0.8000
			b_{24}	0.2000
心理层	协同效价 A_1	0.5349	a_{13}	0.8333
			a_{14}	0.1667
	协同手段 A_2	0.2697	a_{22}	1
	协同公平 A_3	0.0753	a_{34}	0.7258
			a_{35}	0.1020
			a_{36}	0.1722
	协同期望 A_4	0.1201	a_{43}	0.8000
			a_{44}	0.2000
环境层	协同环境 C_1	1	C_{21}	0.1947
			C_{22}	0.0881
			C_{23}	0.7172

7.2.4.3　O - O 协同度评价指标权重分析

（1）一级判断矩阵如表 7 – 33 至表 7 – 35 所示。

表 7 – 33　　　　　　　　　　Q_{o-o} 的判断矩阵及权重

Q_{o-o}	B_1	B_2	权重
B_1	1	4	0.8000
B_2	1/4	1	0.2000

表 7 – 34　　　　　　　　　　D_{o-o} 的判断矩阵及权重

D_{o-o}	A_1	A_2	A_3	A_4	权重	一致性检验
A_1	1	3	4	4	0.5385	$\lambda_{max} = 4.0206$
A_2	1/3	1	2	2	0.2195	CI = 0.0069
A_3	1/4	1/2	1	1	0.1210	RI = 0.89
A_4	1/4	1/2	1	1	0.1210	CR = 0.0077 < 0.1

根据表 7 – 34，D_{o-o} 的判断矩阵权重系数一致性比例均小于 0.1，符合一致性要求。

表 7 – 35　　　　　　　　　　E_{o-o} 的判断矩阵及权重

E_{o-o}	C_1	权重
C_1	1	1

（2）二级判断矩阵如表 7 – 36 至表 7 – 42 所示。

表 7 – 36　　　　　　　　　　B_1 的判断矩阵及权重

B_1	b_{13}	权重
b_{13}	1	1

表 7 – 37　　　　　　　　　　B_2 的判断矩阵及权重

B_2	b_{25}	b_{26}	权重
b_{25}	1	3	0.7500
b_{26}	1/4	1	0.2500

表7-38   A₁ 的判断矩阵及权重

A_1	a_{15}	a_{16}	权重
a_{15}	1	2	0.6667
a_{16}	1/2	1	0.3333

表7-39   A₂ 的判断矩阵及权重

A_2	a_{23}	权重
a_{23}	1	1

表7-40   A₃ 的判断矩阵及权重

A_3	a_{37}	a_{38}	a_{39}	权重	一致性检验
a_{37}	1	5	4	0.6834	$\lambda_{max} = 3.0246$
a_{38}	1/5	1	1/2	0.1168	CI = 0.0123
a_{39}	1/4	2	1	0.1998	RI = 0.52
					CR = 0.0236 < 0.1

根据表7-40，A_3 的判断矩阵权重系数一致性比例均小于0.1，符合一致性要求。

表7-41   A₄ 的判断矩阵及权重

A_4	a_{45}	a_{46}	权重
a_{45}	1	4	0.8000
a_{46}	1/4	1	0.2000

表7-42   C₁ 的判断矩阵及权重

C_1	c_{31}	c_{32}	c_{33}	权重	一致性检验
c_{31}	1	2	1/6	0.1468	$\lambda_{max} = 3.0183$
c_{32}	1/2	1	1/8	0.0840	CI = 0.0091
c_{33}	6	8	1	0.7692	RI = 0.52
					CR = 0.0176 < 0.1

根据表7-42，C_1 的判断矩阵权重系数一致性比例均小于0.1，符合一致性要求。

综上所述，所有权重系数一致性比例均小于0.1，符合一致性要求。该企业集成系统 O-O 协同度评价指标权重如表7-43所示。

表 7 - 43　　Star-Net 企业集成系统 O - O 协同度评价指标的权重

子构面层	序参量	相对子权重	二级指标	二级权重
组织质量层	协同能力 B_1	0.8000	b_{13}	1
	协同目标 B_2	0.2000	b_{25}	0.7500
			b_{26}	0.2500
心理层	协同效价 A_1	0.5385	a_{15}	0.6667
			a_{16}	0.3333
	协同手段 A_2	0.2195	a_{23}	1
	协同公平 A_3	0.1210	a_{37}	0.6834
			a_{38}	0.1168
			a_{39}	0.1998
	协同期望 A_4	0.1210	a_{45}	0.8000
			a_{46}	0.2000
环境层	协同环境 C_1	1	C_{31}	0.1468
			C_{32}	0.0840
			C_{33}	0.7692

7.2.5　P - P 协同度计算

根据式（6 - 2）~ 式（6 - 6），并利用 7.2.4 节所得到的各指标数据和权重，先分别计算出 P - P 协同的加权质量、环境以及加权心理距离的数值，再求得相应的集成力，最后求得协同度。具体计算过程如下。

7.2.5.1　加权主体质量计算

根据式（6 - 4）与表 7 - 5、表 7 - 21 中的指标数据与权重进行计算，具体如下：

$$\overline{B_1} = \overline{b_{11}} W_{11}^b = 4.454 \times 1 = 4.454$$

$$\overline{B_2} = \overline{b_{21}} W_{21}^b + \overline{b_{22}} W_{22}^b = 4.573 \times 0.6667 + 4.503 \times 0.3333 \approx 4.5496$$

$$\overline{Q_n^P}(t) = \overline{B_1} W_1^B + \overline{B_2} W_2^B = 4.454 \times 0.8571 + 4.5496 \times 0.1429 \approx 4.467$$

7.2.5.2 环境值计算

由于环境值 $E(t) \leq 1$，因此需要采用标准化数据（表7−8中数据）。根据式（6−5）与表7−8、表7−21中的指标数据与权重进行计算，具体如下：

$$\overline{C_1} = \overline{c_{11}}W_{11}^c + \overline{c_{12}}W_{12}^c + \overline{c_{13}}W_{13}^c$$
$$= 0.9314 \times 0.2176 + 0.8762 \times 0.0914 + 0.9107 \times 0.691 \approx 0.912$$

$$\overline{E_{P-P}}(t) = \overline{C_1}W_1^C = 0.912 \times 1 = 0.912$$

7.2.5.3 加权心理距离计算

由于协同度与心理距离成反比，为便于计算，用 6 减去相应的指标分值，获得相应的实际值。根据式（6−2）与表7−5、表7−21中的指标数据与权重进行计算，具体如下：

$$\overline{A_1} = \overline{a_{11}}W_{11}^a + \overline{a_{12}}W_{12}^a = 4.664 \times 0.8 + 4.664 \times 0.2 = 4.664$$

$$\overline{A_2} = \overline{a_{21}}W_{21}^a = 4.704 \times 1 = 4.704$$

$$\overline{A_3} = \overline{a_{31}}W_{31}^a + \overline{a_{32}}W_{32}^a + \overline{a_{33}}W_{33}^a$$
$$= 4.786 \times 0.7306 + 4.621 \times 0.0810 + 4.854 \times 0.1884 \approx 4.785$$

$$\overline{A_4} = \overline{a_{41}}W_{41}^a + \overline{a_{42}}W_{42}^a = 4.762 \times 0.8333 + 4.599 \times 0.1667 \approx 4.735$$

$$\overline{d_{P-P}}(t) = (6 - \overline{A_1}W_1^A + \overline{A_2}W_2^A + \overline{A_3}W_3^A + \overline{A_4}W_4^A)$$
$$= 6 - (4.664 \times 0.465 + 4.704 \times 0.1249 + 4.785 \times 0.1129 + 4.735 \times 0.2971)$$
$$\approx 1.297$$

7.2.5.4 集成力计算

由于 P−P 协同行为主体数 $n > 2$ 且数量大，因此采用式（6−13）计算集成力，具体如下：

$$F_{P-P}(t) \approx E(t)\frac{\overline{Q_n^{P2}}(t)}{\overline{D_n^2}(t)} \approx 0.912 \times \frac{4.467^2}{1.297^2} \approx 10.818$$

7.2.5.5 协同度计算

由于本案例 Star-Net 企业集成系统中各行为主体的数量多，因此采用式

（6－14）进行 P－P 协同度计算，即集成力的归一化处理。由 6.6 节可知，集成力的极值分别为 0 与 25。具体计算过程如下：

$$SD_{P-P}(t) = \frac{F_{p-p}(t) - minF_{p-p}(t)}{maxF_{p-p}(t) - minF_{p-p}(t)} = \frac{10.818 - 0}{25 - 0} \approx 0.433$$

7.2.6 P－O 协同度计算

根据式（6－15）~式（6－21），并利用 7.2.4 节所得到的各指标数据和权重，先分别计算出 P－O 协同的加权质量、环境以及加权心理距离，再求得相应的集成力，最后求得协同度。具体计算过程如下。

7.2.6.1 加权主体质量计算

根据式（6－18）~式（6－19）与表 7－6、表 7－7、表 7－32、表 7－43 中的指标数据与权重进行计算，具体如下：

$$\overline{B_1} = \overline{b_{12}}W_{12}^b = 4.854 \times 1 = 4.854$$
$$\overline{B_2} = \overline{b_{23}}W_{23}^b + \overline{b_{24}}W_{24}^b = 4.773 \times 0.8 + 4.703 \times 0.2 = 4.756$$
$$\overline{Q^P}(t) = \overline{B_1}W_1^B + \overline{B_2}W_2^B = 4.854 \times 0.8333 + 4.756 \times 0.1667 \approx 4.838$$
$$Q^O(t) = B_1 W_1^B + B_2 W_2^B = 4.853 \times 0.8 + 4.786 \times 0.2 \approx 4.840$$

7.2.6.2 环境值计算

由于环境值 E(t)≤1，采用表 7－9 中数据，并结合式（6－21）与表 7－9、表 7－32 中的指标数据与权重进行计算，具体如下：

$$\overline{C_1} = \overline{c_{21}}W_{21}^c + \overline{c_{22}}W_{22}^c + \overline{c_{23}}W_{23}^c$$
$$= 0.9314 \times 0.1947 + 0.9676 \times 0.0881 + 0.9607 \times 0.7172 \approx 0.956$$
$$\overline{E_{P-O}}(t) = \overline{C_1}W_1^C = 0.956 \times 1 = 0.956$$

7.2.6.3 加权心理距离计算

用 6 减去相应的指标分值，获得相应的实际值。根据式（6－16）与表 7－6、表 7－32 中的指标数据与权重进行计算，具体如下：

$$\overline{A_1} = \overline{a_{13}}W_{13}^a + \overline{a_{14}}W_{14}^a = 4.864 \times 0.8 + 4.669 \times 0.2 = 4.825$$

$$\overline{A_2} = \overline{a_{22}}W_{22}^a = 4.704 \times 1 = 4.704$$

$$\overline{A_3} = \overline{a_{34}}W_{34}^a + \overline{a_{35}}W_{35}^a + \overline{a_{36}}W_{36}^a$$

$$= 4.786 \times 0.7258 + 4.628 \times 0.1020 + 4.854 \times 0.1722 \approx 4.742$$

$$\overline{A_4} = \overline{a_{43}}W_{43}^a + \overline{a_{44}}W_{44}^a = 4.863 \times 0.8 + 4.799 \times 0.2 = 4.850$$

$$\overline{d_{P-O}}(t) = (6 - \overline{A_1}W_1^A + \overline{A_2}W_2^A + \overline{A_3}W_3^A + \overline{A_4}W_4^A)$$

$$= 6 - (4.825 \times 0.5349 + 4.704 \times 0.2697 + 4.742 \times 0.0753 + 4.85 \times 0.1201)$$

$$\approx 1.205$$

7.2.6.4　集成力计算

采用式（6-25）计算集成力，具体如下：

$$F_{P-O}(t) = E(t)\frac{Q^O(t)\overline{Q_n^P}(t)}{\overline{D_n^2}(t)} = 0.956 \times \frac{4.840 \times 4.838}{1.205^2} \approx 15.417$$

7.2.6.5　协同度计算

采用式（6-26）进行 P-O 协同度计算，由 6.6 节可知，集成力的极值分别为 0 与 25。具体计算过程如下：

$$SD_{P-O}(t) = \frac{F_{P-O}(t) - \min F_{P-O}(t)}{\max F_{P-O}(t) - \min F_{P-O}(t)} = \frac{15.417 - 0}{25 - 0} \approx 0.617$$

7.2.7　O-O 协同度计算

7.2.7.1　加权主体质量计算

根据式（6-30）与表 7-7、表 7-43 中的指标数据与权重进行计算，具体如下：

$$\overline{B_1} = \overline{b_{13}}W_{13}^b = 4.853 \times 1 = 4.853$$

$$\overline{B_2} = \overline{b_{25}}W_{25}^b + \overline{b_{26}}W_{26}^b = 4.873 \times 0.75 + 4.523 \times 0.25 = 4.786$$

$$\overline{Q_{O-O}}(t) = \overline{B_1}W_1^B + \overline{B_2}W_2^B = 4.853 \times 0.8 + 4.786 \times 0.2 \approx 4.840$$

7.2.7.2　环境值计算

利用表 7 – 8 中数据和式（6 – 31）以及表 7 – 10、表 7 – 43 中的指标数据与权重进行计算，具体如下：

$$\overline{C_1} = \overline{c_{31}}W_{31}^c + \overline{c_{32}}W_{32}^c + \overline{c_{33}}W_{33}^c$$

$$= 0.9314 \times 0.1468 + 0.8762 \times 0.0840 + 0.9107 \times 0.7692 \approx 0.911$$

$$\overline{E_{0-0}(t)} = \overline{C_1}W_1^C = 0.911 \times 1 = 0.911$$

7.2.7.3　加权心理距离计算

用 6 减去相应的指标分值，获得相应的实际值。根据式（6 – 28）与表 7 – 7、表 7 – 43 中的指标数据与权重进行计算，具体如下：

$$\overline{A_1} = \overline{a_{15}}W_{15}^a + \overline{a_{16}}W_{16}^a = 4.664 \times 0.6667 + 4.664 \times 0.3333 = 4.664$$

$$\overline{A_2} = \overline{a_{23}}W_{23}^a = 4.704 \times 1 = 4.704$$

$$\overline{A_3} = \overline{a_{37}}W_{37}^a + \overline{a_{38}}W_{38}^a + \overline{a_{39}}W_{39}^a$$

$$= 4.786 \times 0.6834 + 4.621 \times 0.1168 + 4.854 \times 0.1998 \approx 4.780$$

$$\overline{A_4} = \overline{a_{45}}W_{45}^a + \overline{a_{46}}W_{46}^a = 4.762 \times 0.8 + 4.599 \times 0.2 \approx 4.729$$

$$\overline{d_{0-0}(t)} = (6 - \overline{A_1}W_1^A + \overline{A_2}W_2^A + \overline{A_3}W_3^A + \overline{A_4}W_4^A)$$

$$= 6 - (4.664 \times 0.5385 + 4.704 \times 0.2195 + 4.780 \times 0.1210 + 4.729 \times 0.1210)$$

$$\approx 1.305$$

7.2.7.4　集成力计算

采用式（6 – 34）计算集成力，具体如下：

$$F_{0-0}(t) \approx E(t)\frac{\overline{Q_n}^2(t)}{\overline{D_n}^2(t)} \approx 0.911 \times \frac{4.840^2}{1.305^2} \approx 12.520$$

7.2.7.5　协同度计算

采用式（6 – 35）进行 O – O 协同度计算。由 6.6 节可知，集成力的极值分别为 0 与 25。具体计算过程如下：

$$SD_{O-O}(t) = \frac{F_{O-O}(t) - minF_{O-O}(t)}{maxF_{O-O}(t) - minF_{O-O}(t)} = \frac{12.520 - 0}{25 - 0} \approx 0.501$$

7.2.8 系统整体协同度计算

对上述 P – P 协同度、P – O 协同度以及 O – O 协同度的计算结果进行汇总，具体如表 7 – 44 所示。

表 7 – 44 Star-Net 企业集成系统 P – P 协同度、P – O 协同度及 O – O 协同度

指标	系统		
	P – P	P – O	O – O
协同度（SD）	0.433	0.617	0.501

根据式（6 – 37），Star-Net 企业集成系统整体协同度计算如下：

$$C(t) = \sqrt[3]{SD_{p-p}(t) \times SD_{p-o}(t) \times SD_{o-o}(t)} = \sqrt[3]{0.433 \times 0.617 \times 0.501} = 0.511$$

7.3 协同度计算结果分析与管理建议

7.3.1 协同度计算结果分析

根据前面计算结果，以福建 Star-Net 企业为核心的企业集成系统的 P – P 协同度、P – O 协同度、O – O 协同度以及整体的协同度结果分析如下。

7.3.1.1 P – P 协同度

根据表 7 – 44、表 7 – 8 中数据及表 6 – 10 中等级划分标准，可知 P – P 协同度为 0.433，属于过渡协同，个体间协同性处于一般水平，产生一定的协同效应。其中，数值介于 0.86 到 0.90 之间的指标有个人综合素质 b_{11}、目标认知程度 b_{21} 以及目标一致性 b_{22}，说明个体质量有进一步提升的空间。

7.3.1.2　P-O 协同度

根据表 7-44、表 7-9 中数据及表 6-10 中等级划分标准，可知 P-O 协同度为 0.617，属于中等协同，个体与所在企业组织之间的协同性处于较高水平，产生较好的协同效应。其中，所有指标数值都高于 0.90，但合作过程认可度 a_{35} 指标为数值最低项，这也说明协同公平有改善的空间。

7.3.1.3　O-O 协同度

根据表 7-44、表 7-10 中数据及表 6-10 中等级划分标准，可知 O-O 协同度为 0.501，属于中等协同，系统中各成员企业组织间的协同性处于较高水平，产生较好的协同效应。其中，数值介于 0.86 到 0.90 之间的指标有战略合作目标一致性 b_{26}、效益增加的可能性 a_{46} 以及技术进步与经济发展程度 c_{32}，说明协同目标、协同期望以及协同环境都有进一步改善的空间。

7.3.1.4　整体协同度

根据表 7-44 中数据与表 6-10 中等级划分标准，可知整体协同度为 0.511，介于 0.5 和 0.8 之间，整个系统处于中等协同阶段，即协同机制进入良性运行阶段，整体协同性处于较高水平，产生较好的协同效应。这与 Star-Net 企业集成系统的实际情况相吻合。

由上分析，可知 Star-Net 企业集成系统中协同度最大的为 P-O 协同度，其次为 O-O 协同度，最小的为 P-P 协同度，其中 P-O 协同度与 O-O 协同度处于中等协同水平，P-P 协同度处于过渡协同阶段。可见，该企业集成系统的重点在于提高 P-P 协同度。

7.3.2　管理建议

鉴于上述分析，根据 Star-Net 企业集成系统的相关协同数据，提出以下管理建议。

7.3.2.1　增加协同主体质量

从 7.2.5 节至 7.2.7 节中协同主体质量的计算结果看，P-P 协同的个体质量有较大的提升空间。因此，一方面，Star-Net 企业集成系统需要进一步增强内部协同个体的核心协同能力，主要包括知识技能、沟通能力、认知能力等。另一方面，需要提高个体行为与合作目标的匹配度，即加强个体对合作目标的认知，以此指引协同行为的实施。

7.3.2.2 改善协同环境

从表7-8、表7-10中数据以及7.2.5节至7.2.7节环境值的计算结果看，P-P协同度和O-O协同度中的环境指标有一定的改善空间，但集中在宏观环境中的经济与技术因素等方面。

然而，宏观环境是难以改变的，只能通过加强自身对宏观环境的认识，进而根据宏观环境的变化及时调经营策略，以提高对宏观环境的适应能力。

7.3.2.3 缩短心理距离

从表7-9至表7-10中数据以及7.2.5节至7.2.7节心理距离的计算结果看，P-O协同度与O-O协同度中的心理距离都有可调整的空间。首先，Star-Net 企业集成系统需建立并完善其沟通平台或渠道，便于信息的传递与分享，增加各方的沟通与交流机会，进一步实现信息对称，加强相互之间的了解，增强相互之间的信任度。其次，在设定协同目标时，要充分考虑通过合作增加各方收益的可能性以及各方真实诉求的因素，并且需要各方参与。再次，为了营造公平公正的合作氛围，应该设计合理的协作规则，充分体现各个环节上的公平性，强化各方的协同公平感知。最后，各方务必要在合作的重要性上达成共识，形成思想上的统一，最终达成各方内在心理的一致性，进而缩短心理距离。

7.4 本章小结

本章根据企业集成系统协同度评价方法及步骤，选取了案例进行应用分析，验证了企业集成系统协同度评价模型的合理性与可行性。最后，根据协同度评价结果对案例中的企业提出了相应的管理建议。

第 8 章

企业集成系统协同行为管理

根据企业集成系统协同行为过程规律模型，本书认为协同行为管理指的是对企业集成系统中各行为主体的协同行为过程进行有效管理，以产生协同效应，进而实现协同经济。可见，它是企业集成系统能否成功运行的关键。鉴于此，本章将基于第 5 章中的企业集成系统协同度评价模型，分别从协同主体质量管理、协同主体心理距离管理以及协同环境三个方面，对企业集成系统协同行为管理进行论述。

8.1 协同主体质量管理

本书中所指协同主体质量，可以定义为：它是包括个体、群体、组织所具有的素质或个性特征的总和①。根据前面所构建的企业集成系统协同度评价模型，协同主体质量主要取决于协同能力和协同目标。与此同时，企业集成系统协同行为过程规律表明它们影响着集成系统外在行为的有序性，并与协同努力共同决定着协同效应的取得。可见，对协同主体质量的管理是极为重要的一个环节。下面就从协同能力与协同目标两个方面，提出相应的管理策略。

---

① 陈东，陈夏诗笪，邵李津. 福建自贸区协同发展机制研究——基于集成论的视阈 [J]. 林业经济，2017（8）.

8.1.1 协同能力

协同能力是能够顺利完成协同并获得协同绩效的一组能力的集合，它分为一般能力与特殊能力。一般能力，即同质能力，指进行各种活动所需的基本能力，如身体活动能力、感知能力、思维能力、学习能力等；特殊能力，即异质能力，指的是在协同过程中，人无我有的专门能力，如创新能力、专门的知识或技能技术等。据此，增强协同能力有两个方面：一般能力的提升与特殊能力的提升。

8.1.1.1 一般能力的提升

首先，搭建环境。要构建企业集成系统协同文化，营造和谐的氛围，帮助各行为主体形成相对统一的价值观；其次，创造学习机会。制订有效的交流与沟通机制，创建平台，使得集成系统中各行为主体之间能够不断地沟通与交流，获得相互学习的机会。最后，加大各类协同活动的参与度。要经常参与到各种协同活动中，体验各种协同方式，让自身的一般能力得到历练与提升。

显然，企业集成系统各行为主体的一般能力得到提升后，有利于提高强化作用，进而促进协同能力的增强。

8.1.1.2 特殊能力的提升

首先，牢牢树立精益求精的责任意识。不断提高思想认识，积极推进相关制度建设，出台激励措施。其次，不断实践与总结。各行为主体要在协同的过程中不断探索和总结，打开心扉，放低姿态，调整心态，把自身变成一个开放的系统，通过各种实践机会，不断地进行专门知识与技能的交换与更新，进而获得特殊能力的提升。

企业集成系统各行为主体的特殊能力得到提升后，有利于提高互补作用，进而促进协同能力的增强。

除此之外，还要投入资金，引进先进的信息化技术设备与协同软件，搭建协同信息化平台，提高信息化使用普及率，提升协同信息化水平，进而促进整体协同能力的增强。

8.1.2　协同目标

目标对于协同来说，是非常重要的一项内容，它在一定程度上决定着协同的成功与否。在哲学上，认知是指人们在同客观事物直接接触的过程中，通过感觉器官获得的关于客观事物的现象和外部联系的认识。当行为主体对目标有了一个清晰明确的认知后，就会产生一种推动力，并促使他们朝着目标的方向付出努力，并产生协同行为。因此，企业集成系统的组织者或领导者要在最初阶段与各行为主体一起沟通探讨，共同设定协同目标，并利用各种机会不断地向各方解释说明协同目标直至他们能充分理解为止。换句话说，只有对协同目标有高水平的认知，才能正确地执行目标。这种认知水平在某种意义上也代表行为主体的一种综合素质。

综上所述，可通过增强协同主体的协同能力与提升对协同目标认知水平的方式提高协同主体的质量，进而增强集成力，促进协同水平的提升。

8.2　协同主体心理距离管理

根据企业集成系统协同行为过程规律与协同度评价模型，本书认为协同主体间心理距离越短，各行为主体的内在心理越趋于一致，在其他条件不变的情况下，集成力越大，协同度越高，协同行为越有序。然而，协同主体心理距离又受到协同效价、协同手段、协同期望以及协同公平的影响。因此，基于这四个方面提出相应的管理策略。

8.2.1　协同效价

实际上，协同效价是各行为主体对协同行为价值的一种评判以及重视程度，它受到价值观、协作需求、协同经济的影响。据此，将从三个方面提出相应的对策。

8.2.1.1　统一价值观

价值观是一种信念，它是对"协同"好、坏、对、错的看法，控制着行为主体的思想，影响着其行为。每一个行为主体对"协同"可能都持有不同的看法或观点，这势必会影响他们行为的统一。因此，企业集成系统的领导者或组织者就必须成立工作领导小组，采取行动并营造氛围统一思想，通过集中宣导协同的重要性、个别沟通协调的方式使其思想与组织价值观相统一。与此同时，在协同的过程中要时刻观察各行为主体的思想动向，一旦偏离，便及时进行协调沟通，使其回到既定轨道，确保各方思想高度统一，形成统一的价值观，进而促进协同效价的提高。

8.2.1.2　满足协作需求

"协作需求"是采取协同行为的动机，对协同效价的影响十分深刻。因此，集成系统的领导者或组织者在设定协同目标时，就必须与各主体进行深入的沟通，了解他们真正的协作需求并把这些需求与协同目标相结合，让各行为主体意识到"可以通过协作实现目标"，并且是切实可行的。这样，就可以通过"协同能够满足需求"这个点把各方的心拢在一起，做到凝心聚力，这也是提高协同效价的另一个途径。

8.2.1.3　实现协同经济

协同结果的好坏是衡量协同效价的关键指标。良好的协同结果即产生协同经济，它更多表达的是各方通过协同均获利，也就是达到"众赢"，使各方满意。因此，过去的合作绩效，即过去的协同经济，可以增加他们对协同合作重要性的认知，促进协同效价的提升，进而激发各方进行下一轮协同合作的愿望。既然如此，领导者或组织者就要根据各方的需求与努力程度设计合理的分配制度，建立健全考核指标体系，而且要充分考虑各方的诉求，让他们共同参与，这样的分配制度才能得到众人的认可，才能让他们满意，才能对协同效价起到提升的关键作用。

8.2.2　协同手段

根据企业集成系统协同行为过程规律，协同手段是促使各行为主体协同愿望形成的关键因素之一，它主要指的是实现协同目标的路径。当各行为主体对协同手段的认知达成一致性时，强化了各方内在心理的一致性，进而缩短了相互之间的心理距离。

鉴于此，首先，在协同之前，要组织各行为主体进行充分的交流沟通，根据各方的实际情况，共同设计出切实可行的协同路径，并达成共识。其次，协同路径设计出来之后，要反复地向各行为主体进行解释说明直到各方能够清晰地了解为止，以提高其路径认知程度。最后，要充分考虑公平的因素，因为公平能在一定程度上对协同手段进行强化。

8.2.3　协同期望

协同期望指的是通过协作能够实现目标或满足需求的可能性大小。主要从成功概率和协同效应两个方面提出相应的管理策略。

8.2.3.1　提升协同成功的概率

首先，协同主体的选择。人或组织的作用是决定协同行为能否成功的关键，一旦选错，功亏一篑。因此，要根据协同目标等相关因素的实际情况，设计出科学合理的甄选机制，选择出最合适的协同主体。其次，协同目标的设定要考虑两方面的因素：一是难易程度的把握；二是兼顾各方的需求。最后，建立良好的信任关系。俗话说："知此知彼，百战不殆。"只有相互之间都有了充分的了解，才能取得成功。因此，要建立良好的沟通与信任机制，使得来自不同系统的各方之间加强沟通互动，消除双方的戒备心理，建立信任关系。从协同初始阶段，就要建立沟通平台，规定互动交流的方式，提高协同行为决策的透明度，增进各方之间的了解与信任，真正进行互补融合，提高合作成功的概率。

8.2.3.2 增强协同效应的获得感

对于各行为主体来说，当最终获得的结果与所期望的无限接近时，那他们理所当然地会产生高水平的下一轮协同的愿望或意愿，他们之间的心理距离也将无限地接近。因此，首先，就需要对各方实际的付出进行合理的评价，再结合他们各自的需求设计合理的分配机制，最终能够满足各自的需求，增强各方对协同效应的获得感，进而强化协同期望。

综上所述，通过以上两种策略，增加对协同行为的信心与认可，促进各方内在心理一致性的形成。

8.2.4 协同公平

协同公平感直接影响着心理距离，它包含心理契约的履行、结果公平、过程公平、关系公平。本部分将从以下四个方面提出相应的管理策略。

8.2.4.1 认真履行心理契约，形成公平感

心理契约的履行情况会在很大程度上影响各方对协同公平的感知，这就需要通过各种宣导方式让各行为主体感知契约精神的重要性并牢牢树立起契约精神的意识，同时运用区块链的方法让契约精神与其行为相匹配，实现知行合一，做到真正履行好各方的心理契约，促进公平感的形成。

8.2.4.2 建立协同绩效考核机制，达成结果公平

美国学者亚当斯提出通过投入产出比的纵横比较来判定结果的公平性。然而，仅凭这点进行判定具有一定的局限性，应该把平等原则与需要原则共同纳入考虑范畴。据此，把以上三点作为设计协同绩效考核机制的依据，通过绩效考核评价各行为主体在协同过程中的表现与所付出的努力，最后根据评价结果并结合平等原则与需要原则进行合理的绩效分配，以满足各方的需求，最终达成结果公平。

8.2.4.3　建立决策协商机制，实现过程公平

过程公平在很大的程度上是受到决策程序、政策内容等方面的影响。因此，可以借鉴群体决策的方式，建立决策协商机制，完善决策程序，让各行为主体共同参与到决策过程中，发挥各自的聪明才智，集思广益。这样得出的决策更能得到各方的认可，也更愿意共同承担决策的责任，进而促进了过程的公平。

8.2.4.4　构建和谐关系，促进关系公平

从制度层面来看，可以通过建立和完善规章制度去规范企业集成系统内部成员的行为方式，尽可能用制度机制防范各行为主体之间的矛盾冲突；从文化层面来看，要积极树立合作、和睦的组织文化，培养企业集成系统内部团队协作精神。此外，还需构建冲突协调机制，引导各行为主体用沟通交流的方式协调双方关系，解决各方之间的矛盾冲突。通过以上四种方式构建和谐关系，形成关系公平。

综上所述，运用协同行为过程规律与协同度评价模型，对协同效价、协同手段、协同期望以及协同公平四个方面进行管理，旨在缩短协同心理距离，促进内在心理一致性的形成，进而提高协同性。

8.3　协同环境

对于一个企业集成系统而言，协同环境是其协同行为赖以形成与延续的土壤，是各行为主体的公共物品①。协同的本质，除了追求 $1 + 1 > 2$ 的协同效应外，还在于借助外力助推集成系统整体的发展。然而，企业集成系统中各行为主体是否选择进行协同，并通过协同实现整合增效，关键在于对环境的认识与适应。

---

① 骆品亮，等. 技术与环境之协同新论 [J]. 系统工程理论方法应用，1996（4）：11 - 14 + 43.

8.3.1 认识环境

协同环境分为内环境与外环境。

8.3.1.1 对协同内部环境的认识

从企业集成系统内部看，虽然各行为主体之间存在集成关系，但在未形成协同关系之前，它们的发展往往会受到自身能力和成本的制约。因此，对能力和成本的认识就成了是否选择协同的主要内因，表现在以下两个方面：

（1）能力。一是实现目标能力的缺乏。比如，缺乏财力、人力、物力等，这就需要通过与他人协作，获得功能上的涌现与互补效应，进而实现目标。二是实现目标能力的有限。也就是说，虽然拥有实现目标的能力，但所要付出的代价太高，效率低下。此时，就需要通过与他人协作，降低实现目标的代价，提高效率。

（2）成本。一是协调管理成本高。即实现目标所需要付出的协调管理成本高。集成系统中各行为主体形成集成关系后，必然存在界面，进而引发各种冲突与矛盾，产生了较高的协调成本，影响了高绩效的获得。因此，这就需要通过各方建立协同关系进而降低协调成本。二是交易成本高。协同可以使各方的交易成本由外部化转为内部化，进而降低成本。三是机会成高。对于一个企业集成系统而言，或许具有实现特定目标的能力，但出现有更高收益的项目时，机会成本就产生了，这就需要通过协同的方式来降低实现目标的机会成本。

综上所述，对协同内部环境的认识，是对协同行为必要性和可能性的辨析。

8.3.1.2 对协同外部环境的认识

就企业集成系统协同的外部环境而言，主要有四个方面。

（1）政治因素。这里所说的政治因素主要指的是政策制度因素。政策制度对各类集成系统的协同起着重要的作用，良好的政策制度对协同活动的开展会起到促进作用，反之则起到阻碍作用。政府制定的政策制度起到两个主要作用：一是支持作用；二是引导作用。

（2）经济因素。经济因素主要是指社会经济结构、经济体制、经济政策、经济发展状况等。众所周知，无论是人还是社会都无法离开经济谈发展，否则连生存都成问题，经济在很大程度上影响着协同。与此同时，全球市场经济的竞争已处于白热化之中，竞争与合作是新时代的主题。

（3）社会因素。社会因素指的是一个国家的物质与精神文化体系。社会文化可以影响一个人，一群人，甚至一个组织的行为。那么，协同行为也需要社会文化来进行支撑。在倡导包容合作的社会环境中所形成的价值观也更加开放，各行为主体更乐于接受协作关系，也乐于在不同的集成系统中分享资源，这使得协同行为易于发生。

（4）技术因素。技术因素主要指的是与协同有关的软硬件技术水平。巴纳德在有关于组织的定义中指出，各成员是以信息沟通为主要手段进行协作的，以此可以表明技术在协同中的重要性。网络信息技术的发展使得集成系统中各行为主体可以在不同的空间、不同的时间进行协作，并且可以高效地完成一项任务，大大提高了各方进行协同的积极性与主动性。

综上所述，对协同外部环境的认识是对协同行为发生的可能性的辨析。

8.3.2　适应环境

事实上，构建企业集成系统的其中一个目的就是使企业更加柔性与灵活，可以根据环境的变化进行重构与调整，以"动"应"变"来迎接各种各样来自环境的挑战。然而，企业集成系统各行为主体在协同过程中对环境的适应问题，更多的是集中在对外部环境的适应上。

8.3.2.1　政治环境

在本书中，政治环境是指由政府制定的一系列政策制度。这是集成系统协同行为能否健康稳定持续进行的重要保证。对于一个集成系统而言，首先，必须要认真研究国家制定的关于自身协同发展的相关政策，要很清楚地了解哪些是国家鼓励、政策允许的，哪些是国家明文禁止的；其次，根据相关政策规定，做好自身发展的顶层设计和发展路线；最后，要随时关注政策的变化，以及时调整自身发展的步伐。总而言之，要充分利用国家和政府给予的政策，助推自身的跨越式发展。由此，使得企业集成系统能够更好地适应政治环境，以促进协同行为的开展。

8.3.2.2 经济环境

虽然政府致力于为社会创造良好的经济环境，但各类企业集成系统也要随时根据经济环境的变化，及时调整自身以适应变化。我国从计划经济时代过渡到今天的市场经济时代，从改革开放到今天的共建"一带一路"，无不说明国家是在努力地为全世界的协同发展创造条件。其实，就以国企混合所有制改革来说，很显然，实质上是国家在鼓励民营资本与国有资本的集成与协同。因此，集成系统的领导者或组织者应该认真地研究国家经济政策，充分地调研经济发展状况。在把握好经济脉搏的基础上，利用好这些积极的宏观经济因素，系统地制定自身的协同发展战略和具体的行动措施，做到与外部经济环境形成协同关系。

8.3.2.3 社会环境

社会环境主要是关于精神层面上的事物，它在很大程度上影响着一个人或一个组织的行为，其所体现出来的是一种主文化。一般来说，文化对企业集成系统具有目标导向、凝聚、激励、约束和效率等功能。

因此，对于一个企业集成系统而言，需要建立一种既包括主文化的核心价值观和行为准则，也包括自身独有的价值和行为模式的亚文化，用于引导和影响各行为主体的思维模式和行为模式以适应外环境的主文化，形成共同的价值观，进而促进各行为主体内在心理的一致性，这将有利于协同行为的开展。

8.3.2.4 技术环境

在当今科技水平高度发展的社会，未来的协同行为管理一定是信息化、智能化、平台化的。因此，企业集成系统中各行为主体要与时俱进，根据自身的实际情况，有针对性地构建协同行为管理系统。首先，在设计协同行为管理系统时，一定要考虑将信息系统与自身的战略、现状与业务流程结合起来，作立体化的思考与布局；其次，要建立信息门户，以支持数据共享和应用协同；再次，要借助大数据、云计算以及专业模型精确地测量出集成系统的协同度，以此作为诊断管理的依据，找出"协同效率黑洞"；最后，要建立网络沟通平台，让各个行为主体可以及时进行信息沟通，有利于建立相互信任的关系，缩短心理距离，改善协同性，促进协同行为的开展。

8.4　本章小结

本章在研究过程中，根据企业集成系统协同行为过程规律和协同度评价模型，从协同主体质量管理、协同主体心理距离管理以及协同环境三个方面对企业集成系统协同行为进行论述。其中，协同主体质量管理主要包括协同能力与协同目标，协同主体心理距离管理主要包括协同效价、协同手段、协同期望以及协同公平，而协同环境主要涉及认识环境和适应环境两个方面。

| 第9章 |

总结与研究展望

9.1　总　　结

本书以企业集成系统协同行为为研究对象，在查阅了大量的国内外相关文献的基础上，综合运用协同学、组织行为学、集成管理理论、机制设计理论、数学与统计学等相关理论与方法，对企业集成系统协同行为进行了深入的系统探索，主要的研究工作包括以下五个方面。

第一，揭示了企业集成系统协同行为机理。首先，分别阐明了企业集成系统的内涵、特征及其协同行为管理动因。其次，根据人的一般行为过程规律，演绎推理出企业集成系统协同行为过程，揭示并论述了其协同行为形成的四个阶段，即协同愿望阶段、协同努力阶段、协同效应阶段以及协同经济阶段。再次，根据企业集成系统协同行为过程规律模型，分析了影响企业集成系统协同行为的七大因素，即协同效价、协同手段、协同期望、协同能力、协同目标、协同公平、协同环境。最后，在上述基础上，探析了企业集成系统协同行为特征。

第二，探究了企业集成系统协同行为机制。运用机制设计理论，界定了企业集成系统协同行为机制的概念，认为它是引发、维护、强化企业集成系统协同行为的动力所在，并提出企业集成系统协同行为机制具有复杂性、互赖性、集成性、动态性和自发性五个特征。根据企业集成系统协同行为过程规律模型，并运用相关经典理论，深入探索了愿望形成机制、预期共识机制、能力匹配机制、目标协同机制、协同公平机制、强化协同机制、环境协同机制七大机制。

第三，探求了企业集成系统协同行为评价方法。首先，采用问卷调查法，运用 SPSS 22.0、Amos 24.0 与 STATA 10.0 等工具，验证了集成力与协同度的正相关关系。其次，分析了企业集成系统协同度七因素子构面与集成力三变量子构面之间的相关性，并对它们分别进行聚类，构建了基于集成力的协同度评价模型。最后，在分析了企业集成系统协同行为本质的基础上，分别建立了以质量、心理距离、环境为三个维度的 P-P、P-O 以及 O-O 协同行为评价指标体系，并据此探索 P-P 协同度、P-O 协同度、O-O 协同度以及企业集成系统整体协同度测量的具体过程。

第四，进行案例分析。以 Star-Net 企业集成系统为例，根据企业集成系统协同度评价方法和步骤，验证了基于集成力的协同度评价模型。

第五，探讨了基于协同度评价的企业集成系统协同行为管理策略。根据企业集成系统协同行为过程规律以及协同度评价模型，分别从协同主体质量、心理距离以及协同环境三个方面论述了企业集成系统协同行为的管理策略，指导人们发现协同性的问题所在，并采取相应的管理措施，以促进企业集成系统协同水平的提高。

9.2 主要创新点

9.2.1 揭示了企业集成系统协同行为的形成机理与机制

揭示了企业集成系统协同行为的形成机理、阶段及其影响因素，分析了企业集成系统协同行为特征。并在此基础上，揭示影响协同行为的七大机制，实现了协同行为管理的理论创新。

9.2.2 提出了基于集成力的企业集成系统协同度评价方法

论证了集成力与协同度的相关关系，构建了基于集成力的企业集成系统协同度评价模型；在分析了企业集成系统协同行为本质的基础上，分别建立了 P–P 协同度、P–O 协同度及 O–O 协同度评价指标体系，并探索了 P–P 协同度、P–O 协同度、O–O 协同度及企业集成系统整体协同度测量的具体过程，实现了协同度评价的方法创新。

9.3　研究展望

虽然在企业集成系统协同行为理论与评价方法研究方面作出了一些探索性的努力，但鉴于本人的水平、精力和时间的限制，仍有一些问题有待进一步深入研究，具体如下。

9.3.1　企业集成系统协同行为机理与机制的定量研究

本书中所提出的企业集成系统机理与机制模型，主要是对企业集成系统协同行为的形成过程规律以及作用机制的定性描述，后期将会借助数学、统计学、计算机等技术对其进行定量研究。

9.3.2　企业集成系统协同评价模型软件化

本书只是在理论层面提出了企业集成系统协同评价模型与具体计算方法，并进行了案例应用分析。但是，如何通过计算机编程语言，把企业集成系统协同度评价模型与方法形成一个通用的软件，作为企业协同管理诊断的辅助软件，是后期研究的一个重要课题。

参考文献

［1］钱学森，于景元，戴汝为．一个科学新领域——开放的复杂巨系统及其方法论［J］．自然杂志，1990（1）：310．

［2］白庆华．论 CIMS 中"人的集成"［J］．计算机集成制造系统 - CIMS，1995（3）：29 - 31．

［3］龚建桥，朱睿．科技企业集成管理研究论纲［J］．科研管理，1996（3）：54 - 58．

［4］王浣尘．可持续发展与系统集成方法论［C］//中国软科学研究会．第一届中国软科学学术年会论文集．1996：59 - 62．

［5］邓子琼．企业集成的三层模型［J］．计算机集成制造系统 - CIMS，1997（3）：7 - 13．

［6］华宏鸣．"现代化集成"管理［J］．中国软科学，1997（9）：110 - 114．

［7］成思危．论软科学研究中的综合集成方法［J］．中国软科学．1997（3）：68 - 71．

［8］李宝山，刘志伟．集成管理——高科技时代的管理创新［M］．北京：中国人民大学出版社，1998．

［9］刘敬军，张申生，李林．敏捷化供应链管理集成框架研究［J］．计算机集成制造系统 - CIMS，1998（4）：16 - 19．

［10］海峰，李必强，肖文韬．基于知识创造的企业组织集成模式［J］．

科技进步与对策，1999（6）：75-77.

[11] 海峰，李必强，向佐春. 管理集成论 [J]. 中国软科学，1999（3）：86-87.

[12] 胡树华，李必强，海峰. 面向产品创新的管理集成 [J]. 中国软科学，2000（4）：87-89.

[13] 余明晖. 企业集成中的组织集成与信息集成 [D]. 武汉：华中科技大学，2001.

[14] 陈剑锋，凌丹，方君康. 企化间技术创新集群与知识集成分析 [J]. 科研管理，2001（5）：91-95.

[15] 杨海蔚，董安邦. 供应链管理中的信息集成 [J]. 工业工程，2002，5（5）：26-30.

[16] 陈劲. 集成创新的理论模式 [J]. 中国软科学，2002（12）：24-30.

[17] 吴秋明，李必强. 集成与系统的辩证关系 [J]. 系统科学学报，2003（3）：24-28.

[18] 张秀艳，徐立本. 基于神经网络企业集成系统的股市预测模型 [J]. 系统工程理论与实践，2003，23（9）：67-70.

[19] 孙淑生. 企业集成系统和企业管理集成研究 [D]. 武汉：武汉理工大学，2003.

[20] 吴秋明. 集成管理论 [M]. 北京：经济科学出版社，2004.

[21] 李必强. 关于集成和管理集成的探讨 [J]. 管理学报，2004（1）：10-13+1.

[22] 戚安邦. 论组织使命、战略、项目和运营的全面集成管理 [J]. 科学学与科学技术管理，2004（3）：110-113.

[23] 刘传庚，傅志明. 神东公司集成管理研究 [J]. 中国工业经济，2004（1）：107-112.

[24] 徐恺英，鞠彦辉. 企业信息集成系统运行机制研究 [J]. 情报科学，2005，23（6）：900-904.

[25] 周晓宏. 技术集成概念、过程与实现形式 [J]. 科研管理，2006（6）：118-124.

［26］邢爱国. 国家级高新技术产业开发区集成管理研究［D］. 哈尔滨：哈尔滨工程大学，2006.

［27］孙淑生，海峰. 集成系统的建立与管理［J］. 武汉理工大学学报（信息与管理工程版），2006，28（8）：60－63.

［28］李林，汤韩玲. 现代企业集成管理模式研究［J］. 中北大学学报（社会科学版），2006（4）：31－34.

［29］王攀. 科技创新中的方法集成及其范例——软计算方法集成［J］. 中国软科学，2007（1）：139－143.

［30］贾军，吉久明. 基于模型驱动架构的知识集成系统研究［J］. 情报科学，2007，25（1）：135－139.

［31］王娟茹，杨瑾. 基于灰色多层次方法的企业知识集成能力评价研究［J］. 科学学与科学技术管理，2008，29（6）：86－89.

［32］彭志忠. 基于协同理论的建筑企业供应链企业集成系统研究［J］. 生产力研究，2008（5）：131－133.

［33］江伟光，武建伟，吴参. 基于本体的产品知识集成［J］. 浙江大学学报：工学版，2009，43（10）：1801－1807.

［34］王国红，邢蕊. 基于知识场的产业集成创新研究［J］. 中国软科学，2010（9）：101－112.

［35］刘艺，李从东，汤勇力. 面向全面预算的地铁企业集成管理系统研究［J］. 现代管理科学，2010（6）：23－25.

［36］李丽. 基于资源约束的产业集成系统［J］. 财经科学，2011（11）：109－116.

［37］曾勇，金秀满，赵勇. 军事供应链组织集成探析［J］. 物流科技，2011（6）：47－50.

［38］冯良清，马卫. 面向虚拟企业生命周期的集成质量管理系统与方法［J］. 系统科学学报，2012（2）：86－88.

［39］郭亮，于渤，郝生宾. 动态视角下的企业技术集成能力内涵及构成研究［J］. 工业技术经济，2012，31（5）：11－18.

［40］钟煌. 企业集成管理的特点与功能［J］. 企业改革与管理，2013

（3）：7 - 9.

[41] 秦浩安．项目群管理：集成与协同 [J]．施工企业管理，2014（6）：20 - 21.

[42] 李菁，揭筱纹．基于企业集成系统理论的西部资源型企业技术创新管理优化路径研究 [J]．科技进步与对策，2014（3）：30 - 35.

[43] 施娜柯，李大胜．科研资源集成系统：自组织运行与序参量识别 [J]．科技管理研究，2014（16）：195 - 199.

[44] 刘振华，盛小平．竞争情报与知识管理的企业集成系统研究 [J]．情报科学，2014（3）：18 - 22.

[45] 张世军．基于物流产业集群背景下的物流集成发展对策分析 [J]．物流技术，2014，33（15）：28 - 31.

[46] 刘菲，郝风杰．云计算环境下 Web 服务集成系统的研究 [J]．计算机科学，2015（2）：417 - 420.

[47] 吴秋明，陈捷娜．集成视角下的产业集群组织结构模式研究 [J]．东南学术，2015（2）：131 - 140.

[48] 张鹏飞，王子豪，荣冈，等．面向石化企业间物流集成计划优化的模型及应用 [J]．化工学报，2016，67（11）：4678 - 4688.

[49] 高跃，戚安邦．创新型企业项目多要素动态集成管理研究 [J]．科技管理研究，2016，36（17）：134 - 139 + 170.

[50] 欧光军，雷霖，杨青，等．高技术产业集群企业创新集成能力生态整合路径研究 [J]．软科学，2016，30（2）：33 - 38.

[51] 刘黎．基于建设项目集成化管理实现方法分析 [J]．经营管理者，2017（4）：317 - 321.

[52] 丁遒劲，马袁燕，李勃慧．多来源元数据集成中的组织管理框架研究 [J]．数字图书馆论坛，2017（12）：60 - 64.

[53] 徐红涛，吴秋明．集成管理视角下企业集群的系统构建与效应 [J]．贵州大学学报（社会科学版），2018，36（5）：60 - 65 + 142.

[54] 董千里．集成场视角：两业联动集成创新机制及网链绿色延伸 [J]．中国流通经济，2018（1）：27 - 37.

［55］李柏洲，尹士，罗小芳．集成供应链企业合作创新伙伴动态选择研究［J］．工业工程与管理，2018（3）：123-131．

［56］蔡婷．大数据环境下集成供应链运作与物流管理分析［J］．商场现代化，2018（7）：31-32．

［57］贾帆帆．基于企业集成的供应链"6S"管理研究［J］．企业科技与发展，2019（9）：175-176．

［58］王娟，雷定猷，张英贵．基于集成式供应链的再生资源回收定价方法［J］．铁道科学与工程学报，2019，16（1）：272-282．

［59］陈娜．"耦合性"视角下产业集群集成创新能力实现机制研究［J］．江苏商论，2019（3）：119-121．

［60］徐红涛，吴秋明．集成管理对企业集群竞争力提升的作用路径研究［J］．技术经济与管理研究，2019（9）：53-60．

［61］许立兰．基于网格的企业供应链集成框架探讨［J］．商业会计，2019（7）：42-44．

［62］孔梅英，吴秋明，王晓青．基于集成理论的产业集群升级路径与机理分析——以晋江制鞋产业集群为例［J］．北京化工大学学报（社会科学版），2020（1）：59-67．

［63］哈肯．协同学［M］．西安：西北大学出版社，1981．

［64］迈克尔·波特．竞争优势［M］．北京：华夏出版社，1997．

［65］罗伯特·D.巴泽尔，布拉德利·T.盖尔．战略与绩效：PIMS原则［M］．北京：华夏出版社，2000．

［66］刘迅．"新三论"介绍—协同理论及其意义［J］．经济理论与经济管理，1986（4）：75-76．

［67］黄启学．用协同理论指导民族地区经济建设初探［J］．中南民族学院学报（社会科学版），1987（3）：12-16．

［68］关西普，邱平济，陈士俊．"耗散结构"、"协同理论"与管理思考方法［J］．中国民航学院学报，1988（3）：66-72．

［69］曹亚梅．协同理论与生产力的发展［J］．西藏民族学院学报（社会科学版），1991（1）：17-21+33．

[70] 骆品亮，等．技术与环境之协同新论［J］．系统工程理论方法应用，1996（4）：11 – 14 + 43.

[71] 马杉，伊亨云．区域经济系统的协同论研究——论成渝高速公路经济带的发展［J］．重庆大学学报（社会科学版），1997（2）：15 – 19.

[72] 张新华．科技成果转化协同理论及应用研究［J］．科学管理研究，1999（2）：53 – 54.

[73] 李天铎．协同学在研究社会经济系统进化过程中的方法论作用［J］．管理科学文摘，1999（6）：32 – 34.

[74] 孟庆松，韩文秀．复合系统协调度模型研究［J］．天津大学学报（自然科学与工程技术版），2000，33（4）：444 – 446.

[75] 秦书生．现代企业自组织运行机制［J］．科学学与科学技术管理，2001（2）：38 – 41.

[76] 徐浩鸣，徐建中，康姝丽．中国国有医药制造产业组织系统协同度模型及实证分析［J］．中国科技论坛，2003（1）：113 – 117.

[77] 李海婴，周和荣．敏捷企业协同机理研究［J］．中国科技论坛，2004（3）：39 – 43.

[78] 穆东，杜志平．资源型区域协同发展评价研究［J］．中国软科学，2005（5）：106 – 113.

[79] 毛克宇，杜纲．基于协同产品商务的企业协同能力及其评价模型［J］．内蒙古农业大学学报（社会科学版），2006，8（2）：165 – 167.

[80] 陈士军．基于复杂系统理论的区域农业可持续发展研究［D］．天津：天津大学，2007.

[81] 覃刚力，柴跃庭，杨家本．企业协同机理研究［J］．哈尔滨工业大学学报，2007（12）：2009 – 2013.

[82] 井然哲．基于自组织协同论的企业集群系统发展机理研究［J］．管理工程学报，2007（2）：52 – 54.

[83] 李彬．管理系统的协同机理及方法研究［D］．天津：天津大学，2008.

[84] 桑秋，张平宇，苏飞，等．20 世纪 90 年代以来沈阳市人口、经

济、空间与环境的协调度分析［J］. 中国人口·资源与环境，2008，102（2）：115 – 119.

［85］王姣. 组织间信息系统协同形成机理及协同度测度研究［D］. 长春：吉林大学，2008.

［86］宋华岭，温国锋，李金克，等. 基于信息度量的企业组织系统协同性评价［J］. 管理科学学报，2009，12（3）：22 – 36.

［87］鄢飞. 物流服务供应链的协同机理研究［D］. 西安：长安大学，2009.

［88］孙冰，张敏. 基于序参量的企业自主创新动力系统协同机理研究［J］. 中国科技论坛，2010（10）：19 – 24.

［89］陈丽. 基于共同价值的多维度组织协同机理与方法研究［D］. 天津：天津大学，2010.

［90］徐晔，陶长琪. IT 企业的自组织协同机制研究［J］. 当代财经，2010（10）：68 – 76.

［91］邓好霞. 基于数据包络分析的企业网络组织协同的耦合评价体系研究［D］. 天津：天津财经大学，2010.

［92］钟铭，吴艳云，栾维新. 港口物流与城市经济协同度模型［J］. 大连海事大学学报，2011，37（1）：80 – 82.

［93］彭建仿. 供应链环境下安全农产品供给的协同机理研究——基于龙头企业与农户共生的理论分析［J］. 财贸经济，2011（3）：89 – 95.

［94］刘彦. 供应链节点间企业组织协同机制研究［D］. 长春：吉林大学，2012.

［95］郭伟锋，王汉斌，李春鹏. 制造业转型升级的协同机理研究——以泉州制造业转型升级为例［J］. 科技管理研究，2012，32（23）：124 – 129.

［96］汪锦军. 构建公共服务的协同机制：一个界定性框架［J］. 中国行政管理，2012（1）：18 – 22.

［97］张方，揭筱纹. 资源型企业技术创新系统协同度评价研究［J］. 统计与决策，2012（22）：62 – 65.

［98］李林，杨泽寰. 区域创新协同度评价指标体系及应用——以湖南

省 14 地市州为例 [J]. 科技进步与对策, 2013 (10): 109 - 114.

[99] 舒辉, 周熙登. 基于集成视角的农产品物流系统协同机理 [J]. 中国流通经济, 2013 (8): 34 - 38.

[100] 杨立新, 蔡萌. 供应链管理模式下产业主体协同创新机制研究——以物美集团果蔬"农超对接"产业主体信息管理协同创新为例 [J]. 科技进步与对策, 2013, 30 (22): 70 - 75.

[101] 李永周, 万元. 高校产学研合作的协同机理与运行机制研究 [J]. 中国科技论坛, 2014 (10): 60 - 65.

[102] 张素平, 许庆瑞, 张军. 能力演进中核心技术与互补资产协同机理研究 [J]. 科研管理, 2014, 35 (11): 51 - 59.

[103] 解学梅, 徐茂元. 协同创新机制、协同创新氛围与创新绩效——以协同网络为中介变量 [J]. 科研管理, 2014, 35 (12): 9 - 16.

[104] 李海东, 王帅, 刘阳. 基于灰色关联理论和距离协同模型的区域协同发展评价方法及实证 [J]. 系统工程理论与实践, 2014, 34 (7): 1749 - 1755.

[105] 王玉玉. 京津冀区域发展的协同度测算及评价 [D]. 天津: 天津财经大学, 2015.

[106] 蒲宝山, 高诚辉, 黄彬. 基于协同学理论的虚拟企业合作伙伴选择研究 [J]. 机械制造与自动化, 2015, 44 (3): 104 - 109.

[107] 邓希颖, 杨阳. 京津冀电子信息产业集群企业内协同创新机制研究 [J]. 山东社会科学, 2015 (S2): 210 - 211.

[108] 孙金秀, 孙敬水. 现代流通业与先进制造业协同机理研究 [J]. 北京工商大学学报 (社会科学版), 2015, 30 (3): 29 - 38.

[109] 张夏恒, 郭海玲. 跨境电商与跨境物流协同: 机理与路径 [J]. 中国流通经济, 2016, 30 (11): 83 - 92.

[110] 陆鹏飞, 贺红权. 工业产业集群品牌生态系统协同机理及运行机制研究 [J]. 工业技术经济, 2016, 35 (11): 102 - 108.

[111] 高鹤, 杜兴翠. 区域低碳创新系统的架构及协同机制 [J]. 中国人口资源与环境, 2016 (S2): 1 - 4.

[112] 黄传荣, 陈丽珍, 邵雨韵. 自主创新与利用 FDI 的协同机制研究

［J］．宏观经济研究，2016（2）：70 - 74．

［113］赵武，王珂，秦鸿鑫．开放式服务创新动态演进及协同机制研究［J］．科学学研究，2016，34（8）：1232 - 1243．

［114］刘有升，陈笃彬．基于复合系统协同度模型的跨境电商与现代物流协同评价分析［J］．中国流通经济，2016（5）：106 - 114．

［115］江新，余璐．基于熵权 - TOPSIS 的水电工程项目群协同度评价［J］．人民长江，2016（2）：51 - 55．

［116］刘容志，黄天蔚，邱志强．产业集群创业孵化系统协调度评价指标构建［J］．科研管理，2016（S1）：578 - 582．

［117］张英华，彭建强．供应链协同创新绩效评价指标体系构建［J］．社会科学家，2016（10）：71 - 75．

［118］刘艳．过程视角下责任型领导与组织价值观的协同机制：阿里巴巴诚信体系的构建［J］．中国人力资源开发，2017（3）：121 - 127．

［119］秦铮，王钦．分享经济演绎的三方协同机制：例证共享单车［J］．改革，2017（5）：124 - 134．

［120］孙佰清，朱晓鑫，洪鑫磊．基于合作博弈理论的应急物流协同机制研究［J］．灾害学，2017，32（2）：181 - 184．

［121］孙丽文，曹璐．中国制造业绿色创新系统构建及协同度分析［J］．技术经济，2017，36（7）：48 - 55．

［122］程强，石琳娜．基于自组织理论的产学研协同创新的协同演化机理研究［J］．软科学，2016，30（4）：22 - 26．

［123］李玥．基于资源基础理论的组织间协同机理研究［J］．西北工业大学学报（社会科学版），2017，37（4）：23 - 26 + 38．

［124］于淼，朱方伟，王琳卓．项目计划与跨职能知识集成的动态协同机理研究［J］．管理学报，2018，144（9）：36 - 44．

［125］徐思思，张红方．科技型人才聚集与高新产业协同度研究——基于武汉市的分析［J］．武汉理工大学学报（社会科学版），2018，31（2）：119 - 125．

［126］任大帅，朱斌．主流创新生态系统与新流创新生态系统：概念界

定及竞争与协同机制［J］. 技术经济，2018（2）：28 - 38.

［127］余福茂，孙晓莉. 电子商务驱动产业集群供应链协同机制案例研究［J］. 科技管理研究，2018（2）：179 - 186.

［128］李海超，盛亦隆. 区域科技创新复合系统的协同度研究［J］. 科技管理研究，2018，38（21）：29 - 34.

［129］鲁渤，邢戬，王乾，等. 港口竞争力与腹地经济协同机制面板数据分析［J］. 系统工程理论与实践，2019，39（4）：1079 - 1090.

［130］解学梅，罗丹，高彦茹. 基于绿色创新的供应链企业协同机理实证研究［J］. 管理工程学报，2019（3）：1 - 9.

［131］程士国，朱冬青. 物流系统功能要素间效益协同机理研究：以鲜切花为例［J］. 管理评论，2020，32（3）：289 - 299.

［132］黄湘萌，杨帅. 制造业绿色供应链协同机制研究［J］. 中国市场，2020（14）：12 - 13.

［133］关溪媛. 辽宁沿海经济带经济协同度评价及对策研究——基于复合系统协同度模型［J］. 经济论坛，2020（2）：26 - 32.

［134］姜照君，吴志斌. 知识溢出、服务集成与文化企业绩效——基于国家级广告产业园区的实证分析［J］. 山东大学学报（哲学社会科学版），2021，245（2）：151 - 160.

［135］马欣欣，尹伟伟. 数字化转型对流通企业融资效率的影响——基于供应链集成视角［J］. 商业经济研究，2022，854（19）：25 - 28.

［136］张永宾，赵金楼. 供应链集成能力影响电商企业绩效的机理——基于战略导向视角［J］. 商业经济研究，2023，863（4）：145 - 149.

［137］张强，赵爽耀，蔡正阳. 高端装备智能制造价值链的生产自组织与协同管理：设计制造一体化协同研发实践［J］. 管理世界，2023，39（3）：127 - 140.

［138］刘明，王燕芳. 金融业与制造业高质量耦合协同发展：机制、测度与影响因素［J］. 上海经济研究，2022，411（12）：93 - 112.

［139］杨晶，陈伟. 科技金融与科技创新的协同机理、问题与对策建议［J］. 科学管理研究，2021，39（3）：147 - 153.

［140］阎颐．大物流工程项目类制造系统供应链协同及评价研究［D］．天津：天津大学，2007．

［141］胡洁．基于模糊综合评价的物流标准化系统协同度评价［D］．北京：北京交通大学，2012．

［142］田国强．激励、信息与经济机制［M］．北京：北京大学出版社，2000：1-3．

［143］郭金玉，张忠彬，孙庆云．层次分析法的研究与应用［J］．中国安全科学学报，2008，18（5）：148-153．

［144］王小美．企业网络组织协同动机与协同行为的关联性分析——基于任务复杂性的视角［D］．天津：天津财经大学，2010．

［145］陈劲，阳银娟．协同创新的理论基础与内涵［J］．科学学研究，2012（2）：161-164．

［146］邹志勇，武春友．企业集团管理协同能力理论模型研究［J］．财经问题研究，2008（9）：99-102．

［147］陈德第，李轴，库桂生．国防经济大辞典［M］．北京：军事科学出版社，2001：443．

［148］奚桃，张仲明，肖钟萍，等．国内外心理一致感研究现状［J］．中国健康心理学杂志，2014，22（1）：151-155．

［149］李会军，葛京，席酉民，等．组织管理研究中"机制"的基本定义与研究路径［J］．管理学报，2017，14（7）：990-997．

［150］赵慧娟．价值观匹配、能力匹配对情感承诺的影响机制研究［J］．经济管理，2015（11）：165-175．

［151］陈权，张凯丽，施国洪．高管团队战略决策过程研究：一个理论模型——基于行为决策理论［J］．管理现代化，2014（1）：36-38+107．

［152］刘玉新，张建卫，黄国华．组织公正对反生产行为的影响机制——自我决定理论视角［J］．科学学与科学技术管理，2011，32（8）：162-172．

［153］牟临杉．心理契约的维系纽带——公平［J］．华东经济管理，2006，20（12）：104-106．

［154］钟力平．斯金纳的强化理论及其应用［J］．企业改革与管理，

2008（2）：70 - 71.

[155] 郭言喆. 论布洛的"心理距离说"[J]. 文教资料，2019，812（2）：103 - 105.

[156] 王丽平，于志川，王淑华. 心理距离对知识共享行为的影响研究——基于组织支持感的中介作用[J]. 科学学与科学技术管理，2013（9）：37 - 45.

[157] 郑君君，蔡明，李诚志，等. 决策框架、心理距离对个体间合作行为影响的实验研究[J]. 管理评论，2017，29（5）：102 - 109.

[158] 雒永信，聂锐. 凝聚力的科学表达式及其对管理的启示[J]. 领导科学，2006（20）：44 - 45.

[159] 董千里，董展. 提升国际陆港物流集成力的战略思考[J]. 综合运输，2011（8）：27 - 31.

[160] 张贯一，任慧军. 组织行为学[M]. 武汉：武汉理工大学出版社，2006：160.

[161] 李海，张勉，李博. 组织凝聚力结构与影响因素：案例研究及理论建构[J]. 北京师范大学学报（社会科学版），2009（6）：47 - 56.

[162] 李艳春，等. 企业组织凝聚力结构模型研究初探[J]. 统计与决策，2011（5）：38 - 40.

[163] 史培军，汪明，叶涛. 社会—生态系统综合风险防范的凝聚力模式[J]. 地理学报，2014，69（6）：863 - 876.

[164] 亓莱滨. 李克特量表的统计学分析与模糊综合评判[J]. 山东科学，2006，19（2）：18 - 23.

[165] 马庆国. 管理统计：数据获取，统计原理，SPSS 工具与应用研究[M]. 北京：科学出版社，2002.

[166] 黄芳铭. 结构方程模式理论与应用[M]. 北京：中国税务出版社，2005.

[167] 薛薇. 统计分析与 SPSS 的应用[M]. 4 版. 北京：中国人民大学出版社，2014.

[168] 程玮，许锦民. 大学生就业能力与就业质量的关系研究[J]. 教

育与职业，2016（18）：80 – 84.

［169］沈烈，郭阳生. 管理者能力与内部控制质量：抑制还是促进？
［J］. 中南财经政法大学学报，2017（4）：58 – 67 + 159.

［170］吴笑，魏奇锋，顾新. 协同创新的协同度测度研究［J］. 软科
学，2015（7）：45 – 50.

［171］王凯伟，刘双燕，燕博. 行政监督系统协同度测评模型构建研究
［J］. 湘潭大学学报（哲学社会科学版），2016，40（2）：14 – 21.

［172］高晶，关涛. 基于战略柔性的企业集团协同机制研究［J］. 哈尔
滨工业大学学报（社会科学版），2007（1）：121 – 124.

［173］武玉英，魏国丹，何喜军. 基于耦合系数模型的高技术制造业与
要素协同度测度及实证［J］. 系统工程，2017，35（7）：93 – 100.

［174］李淑梅. 关于人的发展和社会结构转型关系的哲学思考［J］. 南
开学报，1997（5）：1 – 8.

［175］赫尔曼·哈肯. 协同学［M］. 西安：西北大学出版社，1981.

［176］Barnard Chester I. The Functions of the Executive［M］. Cambridge，
MA：Harvard University Press，1938.

［177］Harrington，Joseph J. Computer Integrated Manufacturing［M］. New
York：Industrial Press，1973.

［178］Lei D，Sobol M. The CIM-IS Partnership：Integration for Competitive
Advantage［J］. North-Holland，1991，1（1）：303 – 312.

［179］Walter D P，Terry A B，John A M，et al. Extending Decision Sup-
port Systems：The Integration of Data，Knowledge，and Model Management［J］.
Annals of Operations Research，1992，38（1）：501 – 527.

［180］Anderson M J. Collaborative Integration in the Canadian Pharmaceuti-
cal Industry［J］. Environment and Planning，1993，25（12）：1815 – 1838.

［181］Iansiti M，Clark K B. Integration and Dynamic Capability：Evidence
from Product Development in Automobiles & Mainframe Computers［J］. Industri-
al & Corporate Change，1994（3）：557 – 605.

［182］Grant. Prospering in Dynamically Competitive Environments：Organiza-

tion Capability as Knowledge Integration [J]. Organization Science, 1996 (4):
375 –387.

[183] Siegfried S. Complexity: An Integration of Theories [J]. Journal of
Applied Social Psychology, 1997, 27 (23): 2068 –2095.

[184] Robert B, Luk V L. Integration of Technology Assessment in R&D
Management Practices [J]. Technological Forecasting & Social Change, 1998,
58 (1): 23 –33.

[185] Jane K. Integration of Theory [J]. British Journal of Psychotherapy,
1999, 16 (2): 228 –236.

[186] Rentzsch M, Ameli H R. Integrated Management System (IMS) in
Small and Medium Enterprises [J]. Proceedings of the Human Factors & Ergo-
nomics Society Annual Meeting, 2000, 44: 269 –272.

[187] Best M. H. The New Competitive Advantage: The Renewal of Ameri-
can Industry [M]. New York: Oxford Univ. Press, 2001.

[188] Odile E, Janne M. The Emergence of Corporate Integrated Innovation
Systems across Regions [J]. Journal of International Management, 2002, 8 (1):
97 –119.

[189] Carbonara. New Models of Inter-firm Networks within Industrial Districts
[J]. Entrepreneurship and Regional Development, 2002 (14): 229 –246.

[190] Pagell M. Understanding the Factors that Enable and Inhibit the Inte-
gration of Operations, Purchasing and Logistics [J]. Journal of Operations Man-
agement, 2004, 22 (5): 459 –487.

[191] Sabherwal R. Integrating Specific Knowledge: Insights from the Knnedy
Space Center [J]. IEEE Transactions on Engineering Mangement, 2005, 52 (3):
301 –315.

[192] Cunha M M, Putnik G D, Cunha, et al. Identification of the Domain
of Opportunities for a Market of Resources for Virtual Enterprise Integration [J].
International Journal of Production Research, 2006, 44 (12): 2277 –2298.

[193] Jeong I J, Leon V J, Villalobos J R. Integrated Decision-support Sys-

tem for Diagnosis, Maintenance Planning, and Scheduling of Manufacturing Systems [J]. International Journal of Production Research, 2007, 45 (2): 267 –285.

[194] Michael A, Abebe. To Integrate or not to Integrate: Factors Affecting the Adoption of Virtual Integration Strategy in Organizations [J]. Business Strategy Series, 2007, 8 (3): 196 –202.

[195] Timo H, Janne J, Jukka P. A Virtual Integration—The Management Control System in a Multinational Enterprise [J]. Management Accounting Research, 2008, 19 (1): 45 –61.

[196] Niu KH, Miles G, Lee C S. Strategic Development of Network Clusters: A Study of High Technology Regional Development and Global Competitiveness [J]. Competitiveness Review, 2008, 18 (3): 176 –191.

[197] Malihe S, Mehrzad N. Integration of E-business and Supply Chain Management for Small and Medium Sized Enterprises in Iran [J]. International Journal of Logistics Systems and Management, 2008, 4 (4): 457 –468.

[198] Lintukangas K, Peltola S, Virolainen V M. Some Issues of Supply Management Integration [J]. Journal of Purchasing and Supply Management, 2009, 15 (4): 240 –248.

[199] Jayanth J, Keah-Choon T. Examining the Interrelationships between Supply Chain Integration Scope and Supply Chain Management Efforts [J]. International Journal of Production Research, 2010, 48 (22): 6837 –6857.

[200] Pia H. Enabling Collaborative Innovation-knowledge Protection for Knowledge Sharing [J]. European Journal of Innovation Management. Interactive Technology & Smart Education, 2011, 14 (3): 303 –321.

[201] Christian F, Eli G, Claudio A. Clusters or Un-clustered Industries? Where Inter-firm Marketing Cooperation Matters [J]. Journal of Business & Industrial Marketing, 2012, 27 (5): 392 –402.

[202] Elisa G. Clusters, Networks and Firms' Product Success: An Empirical Study [J]. Management Decision, 2013, 51 (6): 1135 –1160.

[203] Quix C, Jarke M. Information Integration in Research Information Sys-

tems [J]. Procedia Computer Science, 2014, 33: 18 – 24.

[204] Ekaterina T, Ari V, Raja K. Structure and Evolution of Global Cluster Networks: Evidence from the Aerospace Industry [J]. Journal of Economic Geography, 2016, 6 (16): 1211 – 1234.

[205] Dyah L, Asep R, Zunika D. Design of a Small and Medium Industry Cluster in Cilegon City with Supply Chain System Approach [J]. Journal of Residuals Science & Technology, 2016, 10 (6): 310 – 313.

[206] Oghazi P, Zaefarian G, Beheshti Hooshang M, et al. Unity is Strength: A Study of Supplier Relationship Management Integration [J]. Journal of Business Research, 2016, 69 (11): 4804 – 4810.

[207] Mehrbakhsh N, Karamollah B, Mohsen R, et al. A Recommender System for Tourism Industry Using Cluster Ensemble and Prediction Machine Learning Techniques [J]. Computers & Industrial Engineering, 2017, 109 (10): 357 – 368.

[208] Chun Z, He H. Analysis of Technology Diffusion in Agricultural Industry Cluster Based on System Dynamics and Simulation Model [J]. Journal of Discrete Mathematical Sciences and Cryptography, 2018, 21 (6): 1211 – 1214.

[209] Reis V. A New Theoretical Framework for Integration in Freight Transport Chains [J]. Transport Reviews, 2019, 39 (5): 589 – 610.

[210] Hsi C, Li C. Coopetition and Firm Survival in a Cluster: Insights from the Population Ecology on the Yacht Industry in an Emerging Economy, 1957 – 2010 [J]. Management and Organization Review, 2019, 12 (8): 218 – 233.

[211] Zabel, Pagel, Telkmann, et al. Coming to Town. Importance of Agglomeration Factors for Media Cluster Development in the German Online Video Industry [J]. Journal of Media Business Studies, 2020, 17 (2): 148 – 171.

[212] Syed A, Muhammad S, Kamran A, et al. Servitization and Supply Chain Integration: An Empirical Analysis [J]. International Journal of Production Economics, 2020, 3 (3): 291 – 312.

[213] Ven Ahvd, Delbecq A L, Koenig R. Determinants of Coordination

Modes within Organizations [J]. American Sociological Review, 1976, 41 (2):
322 - 338.

[214] Dess G G. Consensus on Strategy Formulation and Organizational Performance: Competitors in a Fragmented Industry [J]. Strategic Management Journal, 1987, 8 (3): 259 - 277.

[215] Prescott V J E. Environment-strategy Coalignment: An Empirical Test of Its Performance Implications [J]. Strategic Management Journal, 1990, 11 (1): 1 - 23.

[216] Nadler D A, Tushman M L. Designing Organizations that Have Good Fit: A Framework for Understanding New Architectures [J]. Organizational Architecture, 1992 (39): 56 - 76.

[217] Malone T W, Growston K. The Interdisciplinary Study of Coordination [J]. Acm Computing Surveys, 1994, 26 (1): 87 - 119.

[218] Tushman, Michael L. Charles Winning through Innovation: A Practical Guide to Leading Organizational Change and Renewal [M]. Boston: Harvard Business School Press, 1997: 689.

[219] Corning P D P A. "The Synergism Hypothesis": On the Concept of Synergy and Its Role in the Evolution of Complex Systems [J]. Journal of Social & Evolutionary Systems, 1998, 21 (2): 133 - 172.

[220] Mitchell A. Potter, Kenneth A, De J. Cooperative Co Evolution: An Architecture for Evolving Coadapted Sub Components [J]. Evolutionary Computation, 2000, 8 (1): 1 - 29.

[221] Stank T P, Keller S B, Daugherty P J. Supply Chain Collaboration and Logistics Service Performance [J]. Journal of Business Logistics, 2001, 22 (1): 29 - 48.

[222] Ensign, Prescott. The Concept of Fit in Organizational Research [J]. International Journal of Organization Theory & Behavior, 2001 (9): 287 - 299.

[223] Barut M, Faisst W, Kanet J J. Measuring Supply Chain Coupling: An Information System Perspective [J]. European Journal of Purchasing & Supply

Management, 2002, 8 (3): 161 – 171.

[224] Thompson G. Between Hierarchies and Markets [M]. Oxford: Oxford University Press, 2003.

[225] Koberg C S, Detienne D R, Heppard K A. An Empirical Test of Environmental, Organizational, and Process Factors Affecting Incremental and Radical Innovation [J]. Journal of High Technology Management Research Spring, 2003, 14 (1): 21 – 45.

[226] Chissick, Harrington, Jeds. E-government: A Practical Guide to the Legal Issues. London: Sweet and Maxwell [J]. Legal Information Management, 2004 (4): 275 – 285.

[227] Franke R, Kalmbach P. Structural Change in the Manufacturing Sector and Its Impact on Business-related Services: An Input-output Study for Germany [J]. Structural Change and Economic Dynamics, 2005, 16 (4): 467 – 488.

[228] Kutyonen L, Metso J, Ruokolainen T. Inter-enterprise Collaboration Management in Dynamic Business Networks [C] //Otm Confederated International Conferences on the Move to Meaningful Internet Systems. Springer Berlin Heidelberg, 2005: 593 – 611.

[229] Leydesdorff L, Meyer M. Triple Helix Indicators of Knowledge-based Innovation Systems: Introduction to the Special Issue [J]. Research Policy, 2006, 35 (10): 1441 – 1449.

[230] Nieto M J, Santamaria L. The Importance of Diverse Collaborative Networks for the Novelty of Product Innovation [J]. Technovation, 2007, 27 (6): 367 – 377.

[231] Sammarra A, Biggiero L. Heterogeneity and Specificity of Inter-firm Knowledge Flows in Innovation Networks [J]. Journal of Management Studies, 2008, 45 (4): 800 – 829.

[232] Behrens K, Gaigne C, Thisse J F. Industry Location and Welfare When Transport Costs Are Endogenous [J]. Journal of Urban Economics, 2009, 65 (2): 195 – 208.

[233] Yoon S G, Park S, Lee J, et al. Evaluation of Synergy Effect in the Merger of Companies in a Petrochemical Complex [J]. Computer Aided Chemical Engineering, 2009, 27 (9): 2061 – 2066.

[234] Nadia L, Jean-Fran O A, Sophie D A, et al. Issues and Experiences in Logistics Collaboration [J]. IFIP Advances in Information and Communication Technology, 2009, 7 (30): 69 – 76.

[235] Bc H, Yk P. Suppliers' Affective Trust and Trust in Competency in Buyers: Its Effect on Collaboration and Logistics Efficiency [J]. International Journal of Operations & Production Management, 2011, 1 (31): 56 – 77.

[236] Amabile T M, Patterson C, Mueller J, et al. Academic-practitioner Collaboration in Management Research: A Case of Cross-profession Collaboration [J]. Academy of Management Journal, 2001, 44 (2): 418 – 431.

[237] ShaoHong C, JianJun J, QiuLan X. Research on Formation and Development of Circular Industrial Clusters and Innovative Networks [J]. Energy Procedia, 2011, 5 (2): 1519 – 1524.

[238] Balazs L, Loet L. Regional Innovation Systems in Hungary: The Failing Synergy at the National Level [J]. Regional Studies, 2011 (45): 677 – 693.

[239] Anbanandam R, Banwet D, Ravi S. Evaluation of Supply Chain Collaboration: A Case of Apparel Retail Industry in India [J]. International Journal of Productivity and Performance Management, 2011, 60 (2): 82 – 98.

[240] Singh, Rajesh K. Developing the Framework for Coordination in Supply Chain of SMEs [J]. Business Process Management Journal, 2011, 17 (4): 619 – 638.

[241] Purcell J, Brelsford A, Aviles L. Co-evolution between Sociality and Dispersal: The Role of Synergistic Cooperative Benefits [J]. Journal of The Oretical Biology, 2012 (312): 44 – 54.

[242] Halkos G E, Tsilika K D. Analyzing and Visualizing the Synergistic Impact Mechanisms of Climate Change Related Costs [J]. Applied Mathematics & Computation, 2014, 246 (13): 586 – 596.

[243] Garzella S, Fiorentino R. A Synergy Measurement Model to Support the Pre-deal Decision Making in Mergers and Acquisitions [J]. Social Science E-lectronic Publishing, 2014, 52 (6): 1194 - 1216.

[244] Manoukian A, Hassabelnaby H R, Odabashian V. A Proposed Framework for Renewable Energy Technology Commercialization and Partnership Synergy: A Case Study Approach [J]. American Journal of Business, 2015, 30 (2): 147 - 174.

[245] Lopes Y G, De Almeida A T. Assessment of Synergies for Selecting a Project Portfolio in the Petroleum Industry Based on a Multi-attribute Utility Function [J]. Journal of Petroleum Science & Engineering, 2015 (126): 131 - 140.

[246] Wubben E F M, Batterink M, Omta O. Getting Post-M&A Integration Mechanisms Tuned in to Technological Relatedness Innovation Synergy Realization [J]. Technology Analysis & Strategic Management, 2016: 1 - 16.

[247] Pauwels K, Demirci C, et al. The Impact of Brand Familiarity Online and Offline Media Synergy [J]. International Journal of Research in Marketing, 2016, 33 (4): 739 - 753.

[248] Petrov A, Geraskina I. Synergistic Approach to the Management of Transport Infrastructure Projects [J]. Transportation Research Procedia, 2017, 20: 499 - 504.

[249] Golgeci I, Gligor D M. The Interplay between Key Marketing and Supply Chain Management Capabilities: The Role of Integrative Mechanisms [J]. Journal of Business & Industrial Marketing, 2017, 32 (3): 116 - 123.

[250] Dejan D, Bojan R, Toni A, et al. Synergies between an Observed Port and a Logistic Company: Application of the Discounted Cash-flow Model and the Monte Carlo Simulation [J]. Logistics & Sustainable Transport, 2017, 8 (1): 1 - 18.

[251] Ivaldi M, Lagos V. Assessment of Post-merger Coordinated Effects: Characterization by Simulations [J]. International Journal of Industrial Organization, 2017 (53): 267 - 305.

［252］ Marie C Dade, Matthew G E Mitchell, Clive A Mcalpine, et al. Assessing Ecosystem Service Trade-offs and Synergies: The Need for a More Mechanistic Approach ［J］. Ambio, 2018, 48 (10): 1116 – 1128.

［253］ Shen C, Miguel A. Synergy Analysis of Agricultural Economic Cycle Fluctuation Based on Ant Colony Algorithm ［J］. Open Physics, 2018, 16 (1): 978 – 988.

［254］ Mohamed B, et al. Group Targeting Under Networked Synergies ［J］. Games and Economic Behavior, 2019 (118): 29 – 46.

［255］ Fang X, Zhang J, et al. Synergy Degree Evaluation of Container Multimodal Transport System ［J］. Sustainability, 2020, 12 (4): 110 – 125.

［256］ John A. Wagner Ⅲ, John R. Hollenbeck. Management of Organizational Behavior ［M］. London: Prentice-Hall International, 1995.

［257］ Fishbein, Ajzen. Belief, Attitude, Intention, and Behavior: An Introduction to Theory and Research ［J］. Mass: Addison-Wesley Pub, 1975 (31): 123 – 131.

［258］ Das T K, Teng B S. A Resource-Based Theory of Strategic Alliances ［J］. Journal of Management, 2000, 26 (1): 31 – 61.

［259］ Simonin B L. The Importance of Collaborative Know-how: An Empirical Test of the Learning Organization ［J］. Academy of Management Journal, 1997, 40 (5): 1150 – 1174.

［260］ Zollo M, Singh R H. Interorganizational Routines and Performance in Strategic Alliances ［J］. Organization Science, 2002, 13 (6): 701 – 713.

［261］ Johnson, David W, Roger T. New Developments in Social Interdependence Theory ［J］. Genetic Social & General Psychology Monographs, 2005, 131 (4): 285 – 358.

［262］ Colquitt J A, Donald E, et al. Justice at the Millennium: A Meta-analytic Review of 25 years of Organizational Justice ［J］. Journal of Applied Psychology, 2001, 86 (3): 425 – 445.

［263］ Kristof-Brown A L, Seong J Y, Degeest D S, et al. Collective Fit

Perceptions: A Multilevel Investigation of Person-group Fit with Individual-level and Team-level Outcomes [J]. Journal of Organizational Behavior, 2014, 35 (7): 969 –989.

[264] Kristof A L. Person-organization Fit: An Integrative Review of Its Conceptualiztions, Measurement, and Implications [J]. Personnel Psychology, 2010, 49 (1): 1 –49.

[265] Vancouver J B, Millsap R E, Peters P A. Multilevel Analysis of Organizational Goal Congruence [J]. Journal of Applied Psychology, 1994, 79 (5): 666 –679.

[266] Kahneman D, Tversky A. Prospect Theory: An Analysis of Decision under Risk [J]. Econometrica, 1979, 47 (2): 263 –291.

[267] Trope Y, Liberman N. Construal-level Theory of Psychological Distance [J]. Psychological Review, 2010, 117 (3): 440 –463.

[268] Nordstrom K, Vahlne J E. Is the Globe Shrinking? Psychic Distance and the Establishment of Swedish Sales Subsidiaries during the Last 100 Years [J]. 1994, 80 (6): 123 –135.

[269] Dow D. Developing a Multidimensional Instrument to Measure Psychic Distance Stimuli [J]. Journal of International Business Studies, 2006, 37 (5): 578 –602.

[270] Carvalho Mariana et al. Development of a Conceptual Model Integrating Management Systems and the Shingo Model towards Operational Excellence [J]. Total Quality Management & Business Excellence, 2023, 34 (3 –4): 397 –420.

[271] Stanisław Brzeziński and Agnieszka Bitkowska. Integrated Business Process Management in Contemporary Enterprises a Challenge or a Necessity? [J]. Contemporary Economics, 2022, 16 (4): 374 –386.

[272] Schroeder Meike and Lodemann Sebastian. A Systematic Investigation of the Integration of Machine Learning into Supply Chain Risk Management [J]. Logistics, 2021, 5 (3): 62.

[273] Holubčík Martin, Soviar Jakub and Lendel Viliam. Through Synergy in

Cooperation towards Sustainable Business Strategy Management ［J］. Sustainability, 2022, 15（1）: 525.

［274］ Giarratana Marco S. , Pasquini Martina and Santaló Juan. Leveraging Synergies versus Resource Redeployment: Sales Growth and Variance in Product Portfolios of Diversified Firms ［J］. Strategic Management Journal, 2021, 42（12）: 2245 – 2272.

［275］ Zheng Yaqin et al. Synergies between Salesperson Orientations and Sales Force Control: A Person-organization Fit Perspective on Adaptive Selling Behaviors and Sales Performance ［J］. Journal of Business Research, 2023, 155（13）.

附录

附录1　协同行为过程影响因素调查问卷

本资料仅供统计分析之用，绝不对外公开，请安心填答。

第一部分：基本信息（请在选项上打"√"或在横线上填写相应信息）

1. 您的性别：□（1）男　□（2）女

2. 您的年龄

亲爱的先生/小姐您好：

感谢您在百忙中拨冗填答此份问卷，这是一份纯学术性研究的问卷。通过问卷希望知道哪些因素会对企业人员或其所在组织的协同行为过程造成影响。

本问卷旨在获取相关研究数据，所得数据纯属科学研究之用。恳请您抽空完成如下问题，非常感谢！

填写说明：

1. 请根据您或您所在组织与他人或组织的合作情况，选择其中最具有典型意义的一次合作经历，对该次合作经历中的合作伙伴与合作过程进行评价。"我"代表个人或个体；"我们"则代表企业组织。

2. 问卷采用5级李克特评分表法，分值越高表示越同意。请根据您的认知在相应方格中打"√"。其中，"1"表示非常不同意；"2"表示不同意；"3"表示普通；"4"表示同意；"5"表示非常同意。

再次感谢您的热心支持与帮助！

敬祝　身体健康，万事如意！

□（1）18～30岁　　□（2）31～45岁　　□（3）46～60岁
□（4）60岁以上

3. 您的教育程度

□（1）高中（或以下）　□（2）大学/专科　□（3）硕士研究生

□（4）博士研究生

4. 合作时间

□（1）0～6个月　□（2）6～12个月　□（3）1～2年　□（4）2～3年　□（5）3年以上

5. 您现在的任职企业类型

□（1）国有企业　□（2）私营企业　□（3）股份制企业

□（4）其他

第二部分：协同行为影响因素

序号	问项	非常不同意→非常同意				
		1	2	3	4	5
1	我/我们与合作方之间相互认可					
2	我/我们与合作方之间团结奋进					
3	我/我们与合作方之间融为一体					
4	我/我们外在状况良好					
5	我/我们的知识储备和经历丰富					
6	我/我们善于与人合作					
7	我/我们在社会上有较高的美誉度					
8	我/我们具备完成任务的能力与资源					
9	我/我们对合作方提供的信息完全相信					
10	我/我们与合作方之间的口头承诺会被遵守					
11	我/我们会考虑对方的利益和感受					
12	出现危机时，合作各方会相互支持					
13	我/我们与合作方之间建立了长期、紧密的合作关系					
14	政府营商法治体系健全完善					
15	政府政策鼓励与支持企业开展合作					
16	经济的发展提供了广阔的合作空间					
17	社会具有浓厚的合作文化氛围					
18	先进的技术为开展合作提供了便利的手段					

序号	问项	非常不同意→非常同意				
		1	2	3	4	5
19	我/我们所在组织具备合作所需的软硬件设施					
20	我/我们所在组织有完善的合作机制					
21	我/我们认为合作事项是能够成功的					
22	我/我们认为相互间的合作是能够成功的					
23	我/我们认为所采用的协作方式能够保证顺利完成合作					
24	当前环境下，合作将有利于实现整合增效					
25	我/我们认为通过合作能达到资源或能力互补					
26	我/我们认为合作可以提高效率					
27	我/我们认为合作会带来效益增加或技术改进					
28	我/我们能够与他人有效地进行沟通交流					
29	我/我们能清楚地表达想法与理解他人想法，并作出分析和判断					
30	我/我们具备完成任务或目标所需的能力，并且是互补的					
31	我/我们具备完成任务或目标所需的资源，并且是互补的					
32	我/我们清晰具体地知道合作的任务目标是什么					
33	我/我们与合作方对目标的认知是一致的，并能够及时纠偏					
34	我/我们清晰具体地知道合作的战略目标是什么					
35	合作过程中，我/我们与合作方地位平等					
36	合作过程中，我/我们与合作方互惠互利					
37	我/我们认为与合作方之间的利益分配是公平、合理的					
38	我/我们与合作方共同参与制定协作规则与政策，并充分认可					
39	合作事项对我/我们来说是很重要的					
40	通过合作，我/我们能更有效地实现目标					
41	我/我们认为合作优于不合作					
42	合作经历能够提升我/我们的能力，带来更大的竞争优势					
43	通过合作，各方的效益能得到提高					
44	合作事项的完成能够满足我/我们的需求					
45	我/我们对合作的实现形式、过程、方法有深入的了解					

续表

序号	问项	非常不同意→非常同意				
		1	2	3	4	5
46	我/我们很清楚合作过程中双方所扮演的角色与分工					
47	我/我们对过去的合作方式是认可的					
48	我/我们与合作方在协作的重要性上达成一致					
49	我/我们与合作方对协作手段的认知达成一致					
50	我/我们与合作方对协作的成功充满信心					
51	我/我们与合作方认为合作绩效能够满足需求					
52	我/我们与合作方之间实现行动一致					
53	我/我们与合作方之间实现资源优势互补					
54	我/我们与合作方之间实现信息共享					
55	我/我们与合作方之间实现技术创新或价值创造					
56	我/我们与合作方之间的向心程度					
57	我/我们与合作方之间的价值认同程度					
58	我/我们与合作方之间的人际和谐程度					
59	我/我们与合作方之间的协作意愿程度					
60	我/我们与合作方之间的任务协作程度					
61	我/我们与合作方之间的沟通顺畅程度					
62	我/我们与合作方之间的资源互补程度					
63	我/我们与合作方之间的利益共享程度					

感谢您拨冗填答此问卷，本问卷到此全部结束，再次谢谢您！

附录2 Star-Net 企业集成系统协同行为调查问卷

亲爱的先生/小姐您好：

　　您好！本次调查是为了研究企业集成系统协同度，从而为企业集成系统中的企业在提升协同管理水平方面提供科学的政策建议。本问卷旨在获取相关研究数据，所得数据纯为科学研究之用。因此，完全采用匿名的方式进行，您个人的回答将会受到严格的保密，请您不要有任何顾虑。感谢您的合作和支持！

【填表说明】

1. 相关概念说明

P–P：个体间的协同；P–O：个体与企业组织间的协同；

O–O：企业组织间的协同。

2. P–O 与 O–O 类型，仅限有组织决策权或参与决策的人填写。

3. 请根据您自身或所在组织与他人或其他组织的合作情况，选择其中最具有典型意义的一次合作经历，对该次合作经历中的合作伙伴及合作过程进行评价。"我"代表个人或个体；"我们"则代表企业组织。

第一部分：基本信息（请在选项上打"√"或在横线上填写相应信息）

1. 您所填写的类型

（1）P–P　　（2）P–O　　（3）O–O

2. 您所在的单位＿＿＿＿＿＿＿＿＿＿＿＿＿＿＿＿＿＿＿＿＿＿＿

3. 您所担任的职务：

（1）高层管理者　　（2）中层管理者　　（3）一般人员

4. 您所在的单位属以下哪个类别：

（1）国有企业　　（2）私营企业　　（3）股份制企业　　（4）其他

5. 您所在单位人员的规模：

（1）10 人以下　　（2）10～20 人　　（3）20～50 人　　（4）50 人以上

6. 您所在单位人员的平均年龄段：

（1）20～30 岁　　（2）31～35 岁　　（3）36～45 岁　　（4）46～55 岁

第二部分：协同行为测量

请结合您或当前的单位与其他行为主体进行协同合作后的现状，填写以下问卷，并在每项评分栏的选项上打"√"。"1"表示非常不同意，"2"表示不同意，"3"表示一般，"4"表示同意，"5"表示非常同意。

适用方式	编码	问项	非常不同意→非常同意				
			1	2	3	4	5
P－P/P－O/ O－O	E1	合作事项对我/我们来说是很重要的					
	E2	通过合作，我/我们能更有效地实现目标					
	E3	我/我们认为合作优于不合作					
	E4	合作经历能够提升我/我们的能力，带来更大的竞争优势					
	E5	通过合作，各方的效益能得到提高					
	E6	合作事项的完成能够满足我/我们的需求					
P－P/P－O/ O－O	F1	我/我们对合作的实现形式、过程、方法有深入的了解					
	F2	我/我们很清楚合作过程中双方所扮演的角色与分工					
	F3	我/我们对过去合作方式是认可的					
P－P/P－O/ O－O	G1	我/我们认为合作事项是能够成功的					
	G2	我/我们认为相互间的合作是能够成功的					
	G3	我/我们认为所采用的协作方式能够保证顺利完成合作					
	G4	当前环境下，合作将有利于实现整合增效					
	G5	我/我们认为通过合作能达到资源或能力互补					
	G6	我/我们认为合作可以提高效率					
	G7	我/我们认为合作会带来效益增加或技术改进					

续表

适用方式	编码	问项	非常不同意→非常同意				
			1	2	3	4	5
P－P/P－O/ O－O	H1	我/我们能够与他人有效地进行沟通交流					
	H2	我/我们能清楚地表达想法与理解他人想法，并做出分析和判断					
	H3	我/我们具备完成任务或目标所需的能力，并且是互补的					
	H4	我/我们具备完成任务或目标所需的资源，并且是互补的					
P－P/P－O	I1	我/我们清晰具体地知道合作的任务目标是什么					
P－P/P－O/ O－O	I2	我/我们与合作方对目标的认知是一致的，并能够及时纠偏					
O－O	I3	我/我们清晰具体地知道合作的战略目标是什么					
P－P/P－O/ O－O	J1	合作过程中，我/我们与合作方地位平等					
	J2	合作过程中，我/我们与合作方互惠互利					
	J3	我/我们认为与合作方之间的利益分配是公平、合理的					
	J4	我/我们与合作方共同参与制定协作规则与政策，并表示充分认可					
P－P/P－O/ O－O	D3	经济的发展提供了广阔的合作空间					
	D4	社会具有浓厚的合作文化氛围					
	D5	先进的技术为开展合作提供了便利的手段					
P－P/P－O	D6	我/我们所在组织具备合作所需的软硬件设施					
	D7	我/我们所在组织有完善的合作机制					
O－O	D1	政府营商法治体系健全完善					
	D2	政府政策鼓励与支持企业开展合作					

感谢您拨冗填答此问卷，本问卷到此全部结束，再次谢谢您！

附录3　Star-Net 企业集成系统协同度评价指标权重调查问卷

尊敬的专家：

您好！为了运用层次分析法确定以 Star-Net 为核心的企业集成系统中 P – P（个体与个体）协同度、P – O（个体与组织）协同度以及 O – O（组织与组织）协同度的各个指标权重，需要占用您一点时间完成问卷。本问卷采用 9 级标度法，请在相应的数字下打"√"；如取中间值，请按下表说明直接在该指标的第一个空格处填写相应的数字。具体的打分规则已附在下方，烦您阅读后填答。

【填表说明】

表1　　　　　　　　　　　　　　指标评分说明

标度	定义	说明
1	同等重要	两个指标相比，同等重要
3	略微重要	两个指标相比，前者比后者略微重要
5	明显重要	两个指标相比，前者比后者明显重要
7	非常重要	两个指标相比，前者比后者非常重要
9	极其重要	两个指标相比，前者比后者极其重要
2, 4, 6, 8,	中间值	两个指标相比，前者比后者的重要性处于上下相邻标度之间
倒数	反比较	两个指标相比，后者比前者重要

【指标权重打分】

适用方式	对比方式	指标	重要程度								
			1	3	5	7	9	1/3	1/5	1/7	1/9
P – P/P – O/O – O	两两对比	协同效价									
		协同手段									
		协同公平									
		协同期望									

适用方式	对比方式	指标	重要程度								
			1	3	5	7	9	1/3	1/5	1/7	1/9
P－P/P－O/ O－O	两两对比	协同能力									
		协同目标									
P－P/P－O/ O－O	不对比	协同环境									
P－P/P－O/ O－O	两两对比	合作的重要程度									
		合作产生的共赢程度									
	不对比	对合作手段或方式的认知和认可程度									
P－P/P－O/ O－O	两两对比	对利益分配的满意程度									
		对合作过程的认可度									
		对合作关系的信任程度									
P－P/P－O/ O－O	两两对比	合作成功的概率									
		效益增加的可能性									
P－P/P－O	不对比	核心能力或资源的匹配与互补程度									
	两两对比	对任务合作目标的认知程度									
		合作目标一致性									

续表

适用方式	对比方式	指标	重要程度								
			1	3	5	7	9	1/3	1/5	1/7	1/9
O－O	不对比	核心能力或资源的匹配与互补程度									
	两两对比	对战略合作目标的认知程度									
		合作目标一致性									
P－P/P－O	两两对比	合作文化氛围浓厚程度									
		技术进步与经济发展程度									
		组织支持程度									
O－O	两两对比	合作文化氛围浓厚程度									
		技术进步与经济发展程度									
		政治法律环境支持程度									

感谢您拨冗填答此问卷，本问卷到此全部结束，再次谢谢您！

后　记

　　本书至此，甚为感慨万千。本书算是本人博士毕业后的一个总结吧，也是一个新的起点。与此同时，我清醒地认识到此书还存在着许多不足，出版只是走出了第一步，未来的研究之路仍是任重而道远。

　　本书能得以顺利完成，我要特别感谢我的恩师福州大学经济与管理学院吴秋明教授，从开展研究至今，他无不为我的研究工作、书稿撰写倾注了大量的心血。更让我为之感动的是，他还给予了我生活与工作上许多支持与帮助，使得一些难关得以顺利渡过。师恩浩大，难以言表，唯有踏踏实实地做人，勤勤恳恳地做事，用良好的工作业绩回报恩师的栽培。同时，还要感谢福州大学经济与管理学院陈莉平教授、朱斌教授、卢长宝教授，福建党校陈明森教授，电子科技大学李登峰教授等校内外专家学者，他们在我的撰写过程中都给予了精心的指导和无私的帮助。

　　当然，在此期间，我还得到了许多人的关心、鼓励、帮助与支持，无不让我心存感激。

　　在本书的撰写过程中参考了国内外学者大量的学术成果，但江河之水，却难以吸尽，甚感遗憾，唯有恳请学术界的前辈与朋友不吝赐教。

　　还有未能一一列举出来的所有人，包括论文中引用观点的原创者以及帮助和启迪过我的每一个人。感谢您们！

　　感激之情，片语难达，谨以此记！

邵李津

二〇二三年十一月于福州